꿈을 현실로 만드는
네오봇
프로그래밍

Neobot Programming

꿈을 현실로 만드는 네오봇 프로그래밍

 저자 소개

홍지연
- 현 초등학교 교사
- 현 초등컴퓨팅교사협회 연구개발팀장
- 현 교육부 SW 및 AI 교육 집필진 및 강사
- 현 EBS 이솝 SW교육 및 AI 교육 집필진 및 강사
- 한국교원대학교 대학원 초등 컴퓨터 교육 박사수료

저서
- 인공지능, 엔트리를 만나다 외(영진닷컴)
- WHY? 코딩 워크북(예림당)
- 코딩과학동화 시리즈 〈팜〉 시리즈(길벗)
- 소프트웨어 수업백과(상상박물관)
- HELLO! EBS 소프트웨어(EBS) 외 다수

안상민
- 현 초등학교 교사
- 현 초등컴퓨팅교사협회 경기남부팀장
- 현 SKT 코딩 스쿨 경기남부 지부 운영 강사
- 2020년 SW미래채움 교실 코딩 프로젝트 운영위원

저서
- 오조봇 EVO 엔트리와 함께(마르시스에듀/웹북)

성아람
- 현 초등학교 교사
- 현 초등컴퓨팅교사협회 연구개발팀
- 현 SKT 코딩 스쿨 경기남부 지부 운영 강사
- 2020년 SW미래채움 교실 코딩 프로젝트 운영위원

동영상을 보려면

학습에 도움이 될 만한 내용이나 IT와 관련된 재미있는 글과 사진을 〈읽을거리〉에 담았습니다. 또한 아래 홈페이지 주소 또는 QR 코드를 통해 접속하시면 〈읽을거리〉와 관련된 동영상을 바로 볼 수 있는 링크들이 있습니다. 링크를 클릭하여 더 많은 내용을 학습해 보세요!

홈페이지 주소 : http://itbook.kyohak.co.kr/neobot/

네오봇의 특징

❶ 초등 6학년 실과 교과서에서 채택
- 초등 6학년 실과 교과서 '발명과 로봇' 단원에서 로봇과 코딩 학습을 할 수 있는 실습 교구입니다.

❷ 블록 조립 방식
- 익숙한 형태의 블록을 네오봇에 조립하여 다양한 형태의 로봇을 만들 수 있습니다.

❸ 빠르고 쉬운 무선 연결
- 네오봇의 전용 동글을 내 컴퓨터의 USB 포트에 꽂고 네오봇의 전원을 켜면 바로 연결됩니다.

❹ 교과서 실습용 프로그램 내장
- 컨트롤러에 미리 프로그램이 저장되어 있기 때문에 컴퓨터가 없어도 로봇 실습이 가능합니다.

❺ 블록 코딩에 최적화된 블록 로봇
- 대표적인 블록 코딩 도구인 '엔트리'에 딱 맞는 로봇이라 사용하기 편리하고 활용하기 매우 쉽습니다.

네오봇의 구성

컨트롤러와 동글

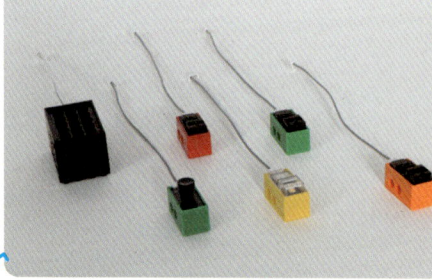
모터 블록과 각종 센서들

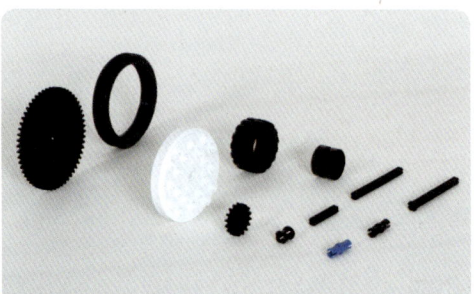
다양한 크기의 타이어와 휠들

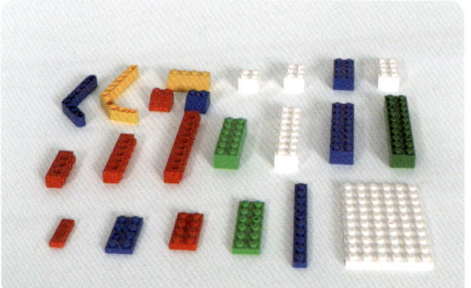
여러 가지 블록들

머리말

어린 시절 블록을 이용해 로봇이나 자동차를 조립해 본 경험이 있나요? 공들여 완성한 로봇이나 자동차를 가지고 놀다 보면 '내가 만든 놀잇감이 자동으로 움직이면 얼마나 좋을까?' 하는 아쉬움 또한 가졌을 겁니다. 그렇다면 여러분이 만든 로봇이나 자동차가 스스로 움직일 수 있게 하려면 무엇을 알고, 무엇을 할 줄 알아야 할까요?

코딩스쿨 시리즈는 처음 코딩을 접하는 학생이 알아야 할 알고리즘부터 기초 프로그래밍, 피지컬 컴퓨팅을 거쳐 인공지능 교육에 이르기까지 미래 사회에 필요한 컴퓨팅 사고력과 문제 해결력, 인공지능 소양을 키우고자 기획되었습니다. 그중에서도 코딩스쿨 〈네오봇 프로그래밍〉은 학생들의 상상력을 자극하는 조립형 로봇에 코딩을 더해 학생들을 피지컬 컴퓨팅의 세계로 이끌기 위해 제작되었습니다. 자신이 만든 로봇이나 자동차를 스스로 움직일 수 있게 만들어주는 마법과 같은 책입니다.

피지컬 컴퓨팅이란 디지털 기술 및 장치를 이용하여 정보를 입력하면 여러 장치가 현실로 결과를 출력해주는 컴퓨팅 기술을 의미합니다. 현실 세계 속 데이터를 디지털 기기로 내려받아 소프트웨어 형태로 처리한 후, 그 결과를 모니터와 같은 여러 가지 장치로 출력하는 것을 말합니다. 따라서 피지컬 컴퓨팅은 컴퓨터와 현실 세계가 데이터를 통하여 대화하는 것이라 말할 수 있습니다.

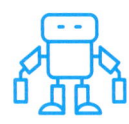

센서를 통해 주변 환경을 인식하고, 네트워크를 통해 필요한 정보를 공유하거나 처리하는 사물 인터넷(IoT: Internet of Things)의 특성을 생각해 본다면 피지컬 컴퓨팅은 사물 인터넷 분야를 구성하는 중요한 기술이라고 말할 수 있습니다. 지금 우리가 사는 세상, 그리고 앞으로 살아갈 세상에는 바로 이런 사물 인터넷 기술이 모든 생활의 기본이 될 것입니다. 더욱 편리해지고, 또한 상상한 모든 것이 이루어지는 사회겠지요. 이 멋진 미래 세상을 살아갈 우리가 피지컬 컴퓨팅에 대해 관심을 가지고 배운다면 좋은 밑거름이 되지 않을까요?

〈네오봇 프로그래밍〉은 여러분이 피지컬 컴퓨팅에 대해 알아가는 여정에 큰 도움이 될 것입니다. 부품을 조립하는 방법부터 네오봇이 가진 센서를 활용해 데이터를 수집·처리하는 방법, 로봇 코딩을 통해 문제 상황을 해결해 보는 기회까지 다양한 내용을 제공합니다. 네오봇을 신나게 조립하고, 움직이다 보면 나도 모르는 사이에 미래 사회에 필요한 역량들을 키울 수 있게 될 것입니다. 완벽하지 않아도 좋습니다. 시행착오를 통해 배울 수 있는 것이 더 많기에, 〈네오봇 프로그래밍〉과 함께 여러분의 상상을 현실로 만들어 보세요!

저자 일동

차례

1 생활 속의 로봇, 어떻게 활용될까요? ······ 08
　보드게임에 도전해요 ······ 10
　도전하기 ······ 12
　읽을거리 ······ 14

2 센서가 반짝반짝! 네오봇 살펴보기 ······ 16
　네오봇의 전자블록을 알아보아요 ······ 18
　네오봇의 블록을 살펴보아요 ······ 20
　네오봇을 조립하는 방법을 알아보아요 ······ 21
　도전하기 ······ 23
　읽을거리 ······ 25

3 무선조종! 네오봇과 엔트리 연결하기 ······ 26
　네오봇과 엔트리를 연결해요 ······ 28
　엔트리 하드웨어 블록을 살펴봐요 ······ 31
　엔트리로 네오봇을 코딩해요 ······ 33
　도전하기 ······ 36
　읽을거리 ······ 37

4 신나게 달려보자! 내 마음대로 레이싱카 ······ 38
　레이싱카를 조립해요 ······ 40
　레이싱카를 코딩해요 ······ 41
　레이싱카를 움직여요 ······ 45
　도전하기 ······ 46
　읽을거리 ······ 47

5 나를 사랑한 반려봇! ······ 48
　반려 로봇을 조립해요 ······ 50
　반려 로봇을 코딩해요 ······ 53
　도전하기 ······ 56
　읽을거리 ······ 57

6 운전을 부탁해! 58
운전 로봇을 조립해요 60
운전 로봇을 코딩해요 63
도전하기 66
읽을거리 67

7 짝짝! 짝짝짝! 68
운동 로봇을 조립해요 70
운동 로봇을 코딩해요 74
도전하기 78
읽을거리 79

8 선을 따라 움직여요! 80
심부름 로봇을 조립해요 82
심부름 로봇을 코딩해요 88
도전하기 92
읽을거리 93

9 구조 활동을 해요! 94
구조 로봇을 조립해요 96
구조 로봇을 코딩해요 104
도전하기 109

10 신나는 로봇 프로젝트 110
나만의 로봇을 만들어요 112
나만의 로봇을 코딩해요 118
읽을거리 122

1 생활 속의 로봇, 어떻게 활용될까요?

영화나 만화에서 멋지게 등장하는 로봇을 본 적이 있나요? 자동차였다가 팔과 다리가 펼쳐지며 멋지게 변신하는 로봇을 보

무엇을 배울까?

1. 생활 속에 필요한 로봇과 그 기능을 보드게임을 통해 생각해 봅시다.
2. 현재 우리 생활 속에 어떤 로봇이 들어와 있는지 알아봅시다.
3. 미래에 펼쳐질 로봇 세상의 장점과 단점을 생각해 봅시다.
4. 나에게 필요한 로봇은 무엇인지 생각하고 표현해 봅시다.

준비물
부록 1, 부록 2
(※ 부록은 책의 뒷면에 있습니다.)

고 있으면 '나에게도 저런 멋진 로봇이 있었으면 좋겠다.'라고 생각할 때도 있습니다. 그런데 이미 우리 생활 속에는 다양한 모습의 로봇들이 우리를 돕고 있습니다. 재미있는 보드게임을 하면서 여러 가지 상황에 어떤 기능을 가진 로봇들이 필요할지 생각해 봅시다. 또 현재와 미래의 로봇에 대해서 알아보고 상상해 봅시다.

Q1 보드게임에 정답이 정해져 있나요?
정답은 없어요. 또한 답이 여러 가지일 수 있습니다. 여러분이 스스로 답을 생각해내면 단계를 통과할 수 있습니다. 단, 각 단계에 해당하는 로봇들은 이미 개발 중이거나 만들어진 로봇들이니 게임이 끝나고 한번 찾아보세요. 더 알찬 보드게임이 될 것입니다.

Q2 로봇과 기계의 차이는 무엇인가요?
학자들마다 의견이 다른 부분이지만 보통 기계는 특정한 일을 하기 위해 미리 설계된 동작을 반복하는 장치를 말하며 스스로 생각하여 움직이지 못합니다. 반면 로봇은 프로그래밍에 따라 기계보다 더 다양한 기능을 사용할 수 있는 지능형 장치로, 유형에 따라 어느 정도 상황을 판단하여 로봇 스스로 작동할 수 있습니다.

네오봇

보드게임에 도전해요

 보드게임 준비하기

01 '부록 1'의 보드게임판을 잘라 펼칩니다.

02 주사위와 보드게임에 사용할 말을 만들기 위해 '부록 2'의 실선(–)을 따라 가위나 칼을 사용해 자릅니다.

03 점선(-----)을 따라 접고, '붙이는 곳'에 풀질하여 그림과 같이 주사위를 만듭니다.

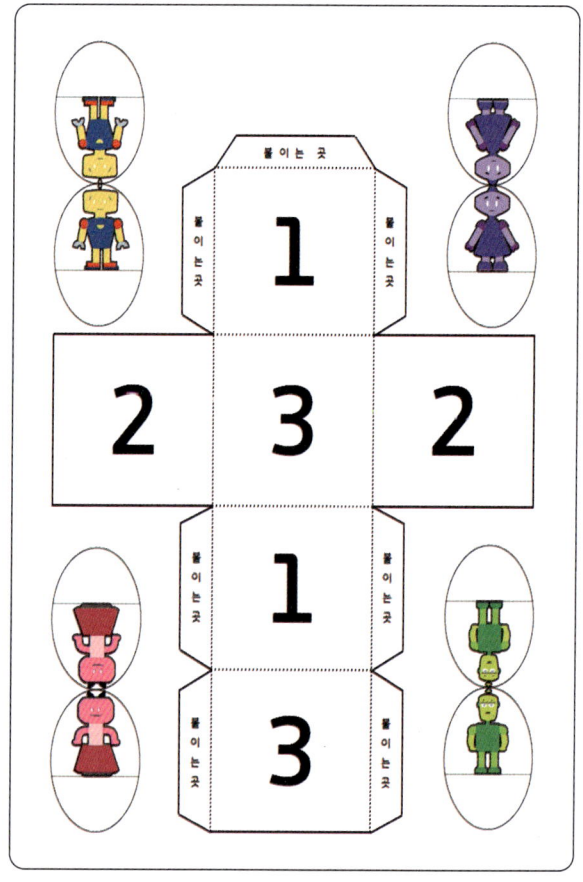

④ 보드게임 말을 그림과 같이 접고 풀칠해 보드게임에 사용할 말을 만듭니다.

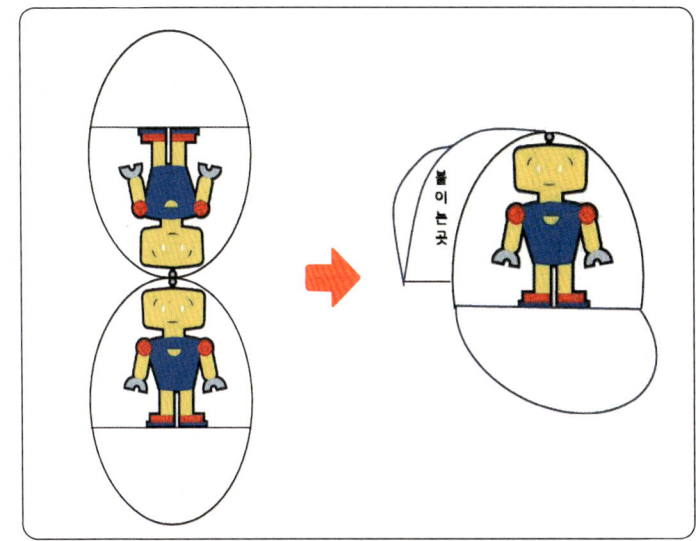

 보드게임 방법 알아보기

① '시작' 칸에 말을 세우고 주사위를 던집니다. 나온 숫자만큼 말을 이동시킵니다.

② 말이 이동한 칸 안에 문장을 읽고, 그에 알맞은 기능을 가진 로봇을 발표해 봅시다. 이와 같이 진행하여 가장 먼저 '도착' 칸에 도착한 말이 이기는 게임입니다. 자, 이제 보드게임을 시작해 볼까요?

 **TIP**
현재 말이 그림과 같은 위치에 있을 때 다음과 같은 기능을 가진 로봇을 생각할 수 있습니다. "가스불을 자동으로 켜고 끌 수 있는 로봇이 필요해요. 집안에 사람의 움직임이 감지되지 않으면 저절로 가스 잠금 장치를 작동시킵니다."

도전하기

Mission 01 내가 상상하는 미래의 로봇을 그리고 이를 소개해 봅시다.

Q1 내가 상상한 로봇은 어떤 일을 하나요?

Q2 내가 상상한 로봇에는 어떤 기능이 있나요?

내가 상상한 미래 로봇 평가하기			
	매우 그렇다	그렇다	보통이다
일상생활에 많은 도움을 줄 수 있나요?			
사람들에게 위험을 주는 요소는 없나요?			
필요한 기술을 구체적으로 말할 수 있나요?			

네오봇

읽을거리

로봇이 직원인 호텔이 있다?!

"안녕하세요! 저희 호텔에 오신 것을 환영합니다."

즐거운 여행 중에 들어간 호텔에서 공룡 로봇이 나타나서 인사를 한다면? 이렇게 깜짝 놀랄 일이 실제로 벌어지고 있어요. 세계 최초 로봇 호텔로 알려진 일본의 '헨나(이상한) 호텔'이 바로 그곳입니다. 이곳에는 멋진 공룡 로봇이 체크인을 해주고, 짐을 옮겨주는 로봇 직원과 음식을 해주는 로봇 직원도 있습니다. 이 호텔 외에 미국에 한 호텔에서도 룸서비스를 도와주는 '릴레이'라는 로봇이 일하고 있습니다. 사람들이 하는 일을 대체하고 있는 또 다른 로봇을 만나봅시다.

— CBS 다큐, 2017년 12월 18일, https://youtu.be/PlGSYPmY4_Y

생각하기

'헨나 호텔'의 로봇 직원은 인간만큼 섬세하게 일하지 못한데다 고장이 자주 일어나는 바람에 다수가 해고되었다고 합니다. 그 대신 로봇을 보수할 직원을 고용했다고 하네요. 아래 질문을 읽고 아래 질문에 대한 나만의 답을 생각해 봅시다.

Q1 로봇이 근무하는 호텔의 장점과 단점은 무엇일지 생각해 봅시다.

Q2 세계경제포럼에서 발표한 '2020 일자리의 미래' 보고서에서는 앞으로 5년 안에 인간과 기계·로봇이 일하는 시간이 같아질 것이라 말하고 있습니다. 미래에 로봇이 인간의 일의 대부분을 대체하게 된다면 인간은 어떻게 살아가야 할지 생각해 봅시다.

사람을 보호하는 로봇, 사람을 해치는 로봇

로봇은 사람들에게 도움을 주기 위해 만들어집니다. 이 중 하나로 전쟁 중에 많은 사람들이 다치지 않게 하기 위해 군인을 보호하는 용도로 정찰 로봇, 몸을 지탱해주는 로봇, 무거운 짐을 옮겨주는 로봇 등이 만들어지고 있습니다.

– EBS 컬렉션 – 사이언스, 2020년 11월 5일, https://youtu.be/ov-w_6ACkh8

그렇지만 처음의 의도와는 다르게 많은 사람들에게 피해를 줄 수 있는 로봇이 생길지도 모릅니다. 실제 무기를 가지고 군인처럼 만들어진 인간형 로봇, 적을 인식하고 폭탄을 떨어뜨리는 로봇 등 수많은 사람들을 위기에 빠뜨릴 수 있는 로봇이 만들어지면 어떻게 될까요?

– SBS 뉴스, 2018년 6월 22일, https://youtu.be/8wbEjWrcOlg

생각하기

Q1 미래 로봇이 올바른 방향으로 개발되기 위해 필요한 약속을 생각해 봅시다.

2

센서가 반짝반짝! 네오봇 살펴보기

드디어 여러분의 네오봇을 요리조리 뜯어 볼 차례입니다. 네오봇에게는 여러분의 눈, 코, 입과 같이 세상을 보고 느낄 수 있는

무엇을 배울까?

1. 네오봇의 전자 블록(스마트 컨트롤러, 센서, LED, 모터)이 어떤 역할을 하는지 알아봅시다.
2. 네오봇의 블록들을 살펴봅시다.
3. 네오봇을 조립하는 방법을 익혀 봅시다.
4. 나만의 방법으로 네오봇을 조립해 봅시다.

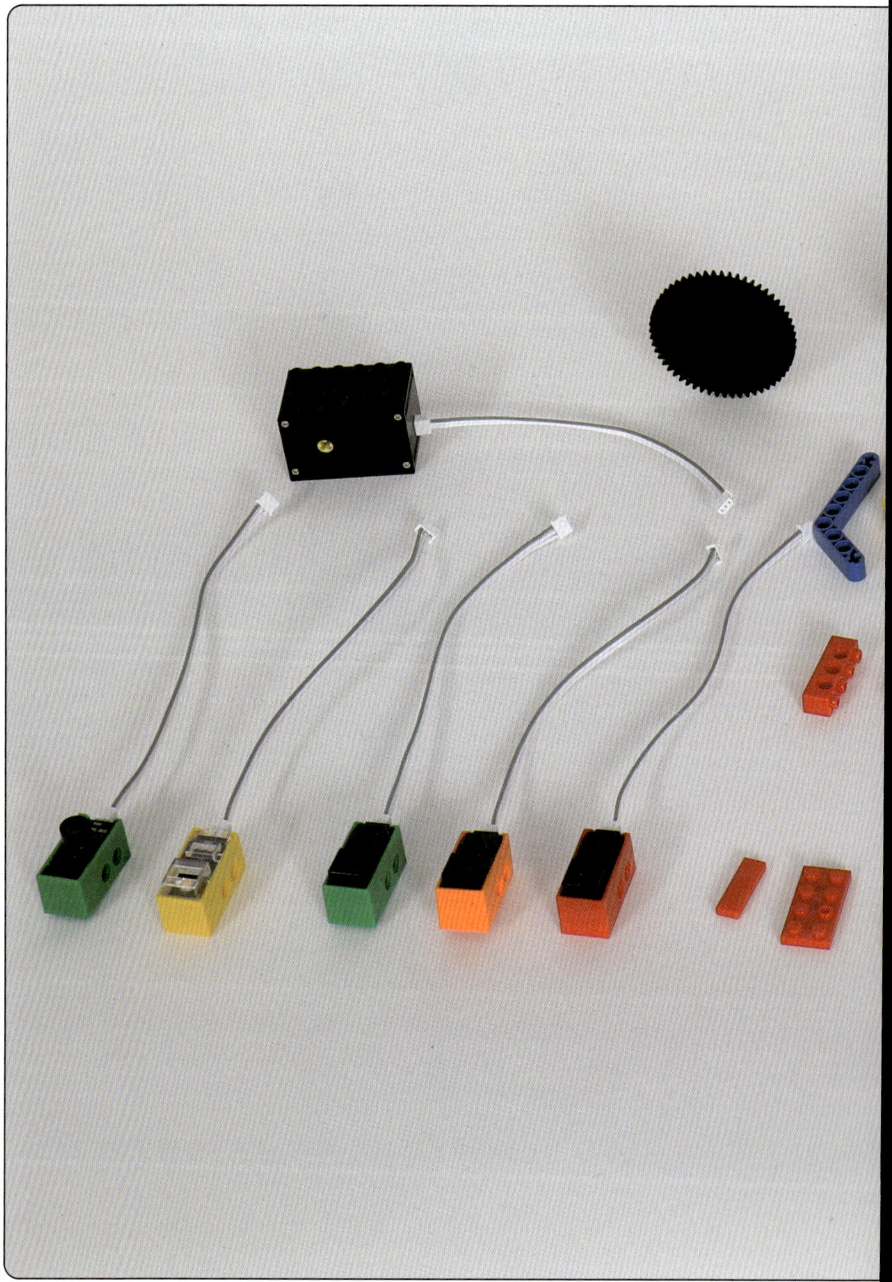

준비물

네오봇 구성품 전체
(※ 네오봇 버전에 따라 스마트 컨트롤러의 색깔이나 블록 구성이 다를 수 있습니다.)

센서들과 빛을 표현하는 LED, 움직임을 만드는 모터, 다양한 네오봇의 모습을 만들 수 있는 블록들이 있습니다. 네오봇의 부품들을 하나씩 살펴봅시다.

Q1 LED와 모터는 센서가 아닌가요?

LED와 모터는 '블록'으로 소개가 되어 있습니다. 네오봇이 바깥 세상을 인식하고 감지하는데 사용하는 것을 입력장치라고 하고, 명령을 바탕으로 움직임을 나타내는 것을 출력장치라고 합니다. 센서는 소리나 빛 등을 감지하는 입력장치 중 하나인 반면, LED와 모터는 움직임을 나타내는 출력장치이기 때문에 센서라 부르지 않는 것입니다.

네오봇

네오봇의 전자블록을 알아보아요

빛을 감지하는
빛 센서

빛 센서
- 눈과 같은 역할을 합니다.
- 빛의 밝기가 얼마나 밝은지 감지하는 센서입니다.
- 0에서 255 범위의 빛 밝기를 나타냅니다.

거리나 색을 감지하는
적외선 센서

적외선 센서
- 눈과 같은 역할을 합니다.
- 적외선을 쏘고 반사되어 돌아오는 시간을 계산하여 물체가 얼만큼 멀리 있는지 감지합니다. 또 흰색과 검은색을 구분하기도 합니다.
- 흰색에 가까워지거나 물체가 멀리 있을수록 입력 값이 커지고, 검은색에 가깝거나 물체가 가까이 있을수록 입력 값이 0에 가까워집니다.

빛을 내는 **LED 블록**

LED 블록
- 손전등과 같은 역할을 합니다.
- 명령에 따라 빛을 내보내는 블록입니다.
- 0에서 255의 값만큼 빛의 색깔이 바뀝니다.

버튼 눌림을 감지하는
접촉 센서

접촉 센서
- 손과 같은 역할을 합니다.
- 버튼의 역할을 합니다. 버튼이 눌렸는지 감지합니다.
- 접촉 센서는 0(누르지 않았을 때)과 255(눌렸을 때)의 값만 감지합니다.

(※ 각 센서의 최소값과 최대값은 각자 가지고 있는 기기마다 다를 수 있습니다.)

스마트 컨트롤러

- 우리 몸의 뇌와 같은 부분을 담당합니다. 센서가 감지하는 반응을 읽고 명령어를 해석해서 실행합니다.
- AA 건전지 4개를 넣어 사용합니다.

센서 값을 받아 명령어를 실행하는
스마트 컨트롤러

소리 센서

- 귀와 같은 역할을 합니다.
- 소리의 크기를 감지하는 센서입니다.
- 소리가 커질수록 입력 값의 크기가 커집니다.

소리를 감지하는
소리 센서

모터 블록

- 우리 몸에서는 발, 자동차에서는 바퀴와 같이 움직이는 역할을 합니다.
- 360° 회전을 하면서 움직임을 줄 수 있습니다.

360° 움직이는
모터 블록

네오봇

네오봇의 블록을 살펴보아요

01 모터를 이용해 움직임을 표현할 때 사용할 수 있는 블록입니다. 축, 바퀴, 기어, 축고정핀으로 모터 블록과 결합하여 사용합니다.

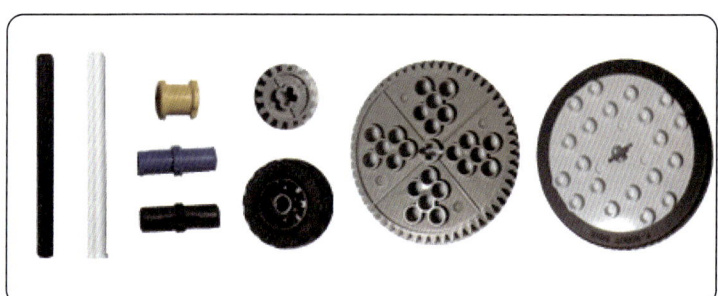

02 이 굽은 블록은 바퀴가 있는 로봇을 만들 때 스마트 컨트롤러가 쓰러지지 않도록 지지하는 역할을 합니다. 네오봇을 꾸밀 때도 사용합니다.

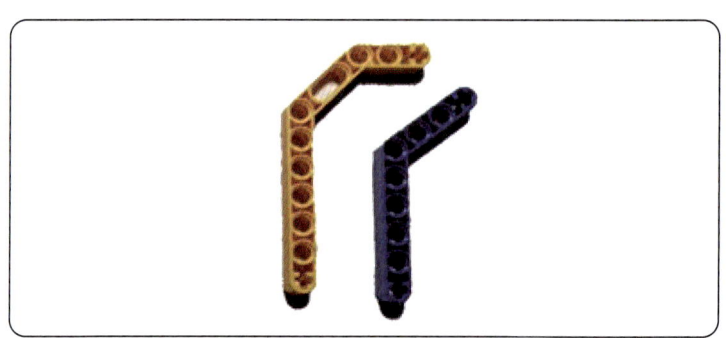

03 네오봇을 꾸미거나 부품을 서로 연결하는데 사용합니다.

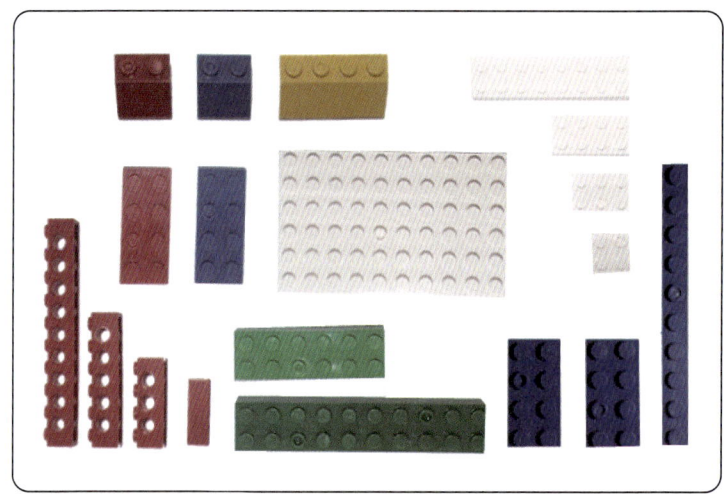

TIP

블록 분리기는 연결된 블록들을 따로 떼어낼 때 사용합니다. 머리 부분을 블록에 꽂고 꼬리 부분을 누르면 지렛대의 원리로 블록을 쉽게 분리할 수 있습니다.

네오봇을 조립하는 방법을 알아보아요

물체를 따라 움직이는 자동차 로봇 조립하기

01 스마트 컨트롤러 뒤에 있는 구멍에 손가락을 넣어 화살표 방향으로 당기면 블록 부분이 빠집니다. 건전지를 넣고 다시 본체를 조립합니다.

02 고정핀과 노란색 굽은 블록을 스마트 컨트롤러 양쪽 같은 위치에 꽂습니다.

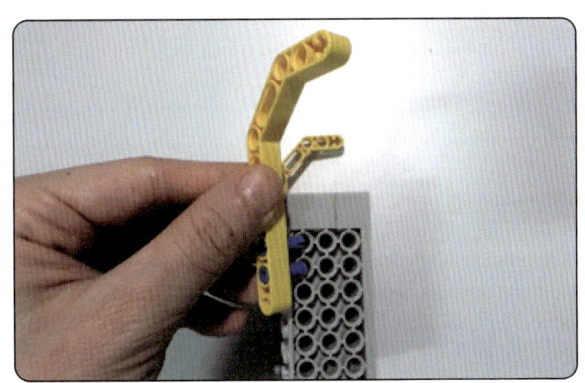

03 고정핀을 이용해 파란색 굽은 블록을 양쪽 모터에 연결합니다. 모터를 스마트 컨트롤러에 그림과 같이 고정시키고 왼쪽 모터를 [MOTOR Left]에, 오른쪽 모터를 [MOTOR Right]에 연결합니다.

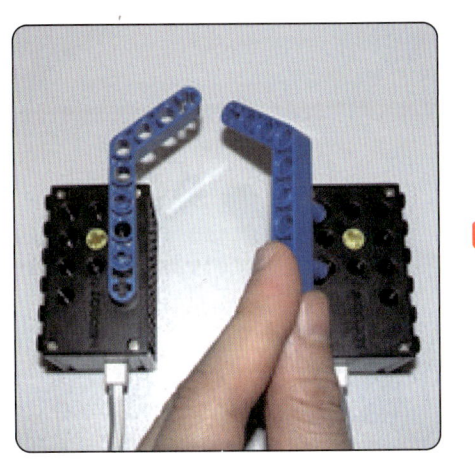 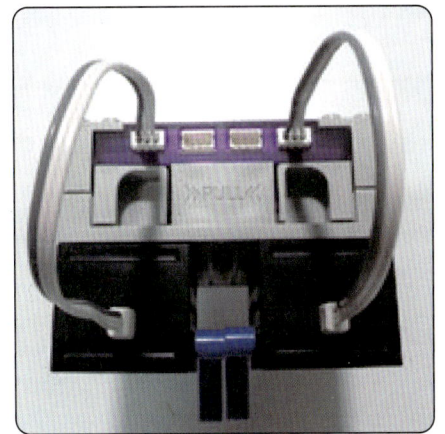

네오봇

04 고정핀을 이용해 노란색 굽은 블록과 적외선 센서를 양쪽에 꽂습니다. 적외선 센서를 스마트 컨트롤러 IN1, IN2에 사진과 같이 연결합니다.

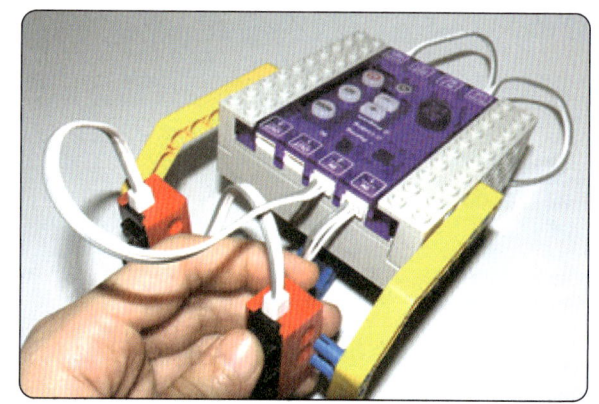

05 양쪽 모터에 축을 꽂은 뒤, 바퀴를 연결합니다.

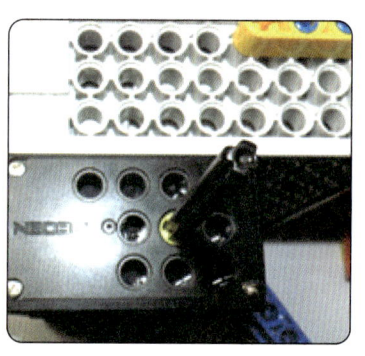 

06 스마트 컨트롤러에 이미 내장된 프로그램을 사용해 봅시다. 스마트 컨트롤러의 전원을 켠 뒤 'MODE'를 눌러 '❷ Program'에 불이 들어오도록 합니다.

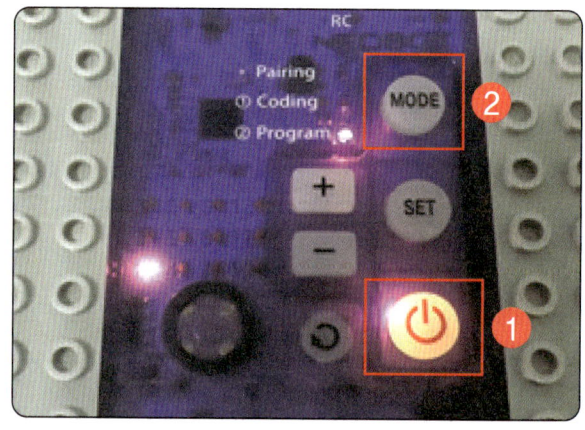

07 '+'와 '−' 버튼을 이용해 7번에 불이 들어오도록 한 뒤 'SET'를 누릅니다. 이제 적외선 센서에 손을 가져다대면 로봇이 손을 따라 움직입니다(멈출 때도 'SET'를 누릅니다.).

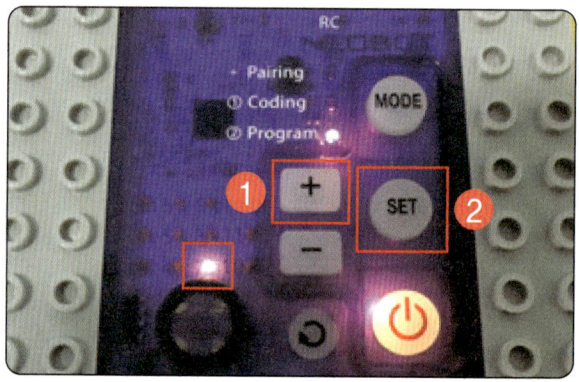

도전하기

Mission 01 어두워지면 빛을 내는 네오봇을 조립해 보세요.

TIP 빛 센서와 LED 블록을 활용해 보세요. 7번 내장 프로그램을 이용하세요. 빛 센서는 IN2/RC에 연결하고 LED 블록은 OUT1에 연결합니다. 프로그램을 작동시키고 손으로 빛 센서를 가려봅니다.

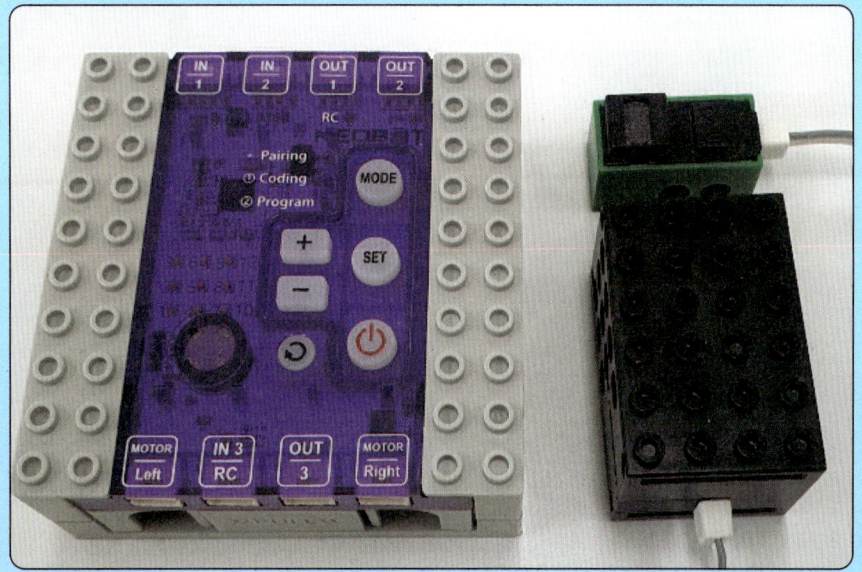

질문하기

Q1 내장 프로그램은 어떤 명령어를 사용한 건가요?

밝은 곳에서 빛의 값이 높고 어두운 곳에서 빛의 값이 낮은 것을 이용한 명령어가 내장되어 있습니다. 빛 센서에 손을 가져다 대면 주변 빛이 가려져서 어두워지겠지요? 이때 빛의 값이 정해놓은 기준보다 낮아지면 LED 블록에서 불빛이 켜지도록 명령어가 들어가 있습니다.

TIP

프로그램 모드 사용하기

1. 스마트 컨트롤러 'MODE' 누릅니다.
2. '②Program'에 불빛이 들어옵니다.
3. '+'와 '-' 버튼을 이용해 7번에 불빛이 들어오게 합니다.

네오봇

도전하기

Mission 02 박수를 치면 멈추는 네오봇을 조립해 보세요.

TIP 소리 센서와 바퀴 블록을 활용해 보세요. 8번 내장 프로그램을 이용하세요. 소리 센서는 IN 2에 연결하고 모터는 왼쪽과 오른쪽 각각 MOTOR Left, MOTOR Right에 연결합니다. 소리 센서 근처에서 박수를 크게 쳐 봅니다.

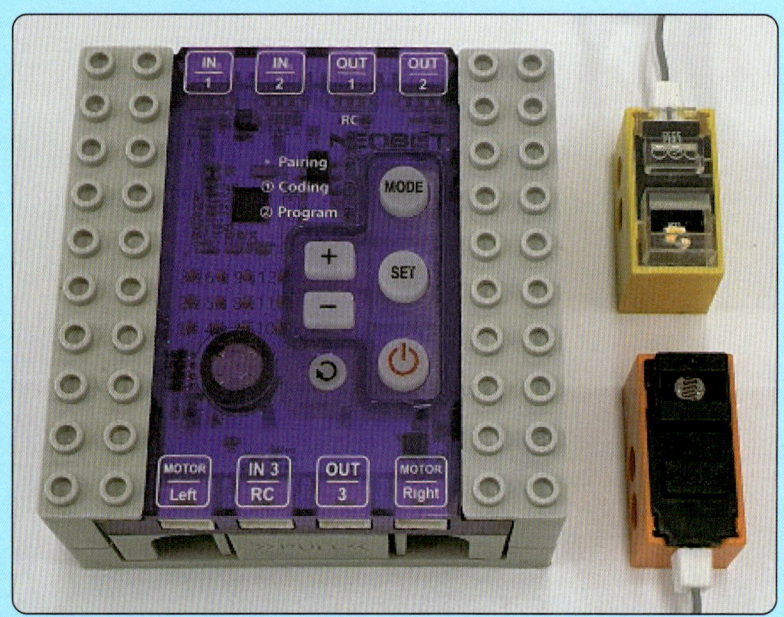

질문하기

Q1 내장 프로그램은 어떤 명령어를 사용한 건가요?

소리가 나면 소리 센서의 수치가 올라가는 것을 이용한 명령어입니다. 박수를 치면 소리 센서에 입력된 소리 값이 높아집니다. 이때 정해 놓은 값보다 높은 소리 값이 나오면 모든 모터의 움직임이 멈추도록 코딩이 되어 있습니다.

읽을거리

센서가 우리 생활에 어떻게 활용되고 있을까?

오늘 우리가 배운 센서 외에도 다양한 센서들이 존재합니다. 온도를 측정하는 온도 센서, 초음파로 물체의 두께나 움직임 등을 감지하는 초음파 센서, 공기 중의 수증기를 측정하는 습도 센서, 물체의 진동 움직임을 측정하는 가속도 센서 등이 있습니다. 그럼 이런 센서들을 실생활에 어떻게 활용되고 있을까요?

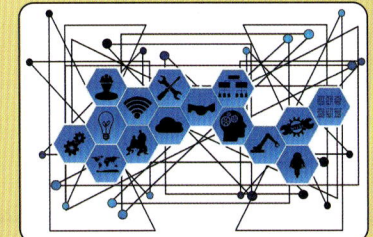

멕시코 시티는 세계에서 가장 범죄율이 높았던 도시 중 하나입니다. 경찰들이 넓은 도시 안에서 일어나는 많은 범죄를 일일이 막아내기는 힘들었는데요. 멕시코 시티에서는 센서를 활용한 CCTV를 사용하고 나서 범죄율이 32%나 줄어들었다고 해요. 이 CCTV에 장착된 센서로 비명소리나 총소리를 인식하고 현장을 촬영하며 신고가 자동으로 되기 때문입니다.

예전에는 외출을 하면서 가스 밸브를 잠궜었는지 확인이 되지 않아 집으로 급히 돌아가는 일도 많았는데 이제는 집 안에 사람이 없는 것을 센서가 감지하면 자동으로 불이 꺼지고 가스 밸브를 잠그는 똑똑한 생활이 가능해졌습니다.

그 외에도 정말 다양한 센서를 이용한 제품들이 우리 생활을 편리하게 만들어주고 있습니다. 영상을 보고 센서를 이용한 멋진 제품들을 만나봅시다.

— KBS News, 2017년 8월 11일, https://youtu.be/_f6fOZQIIOA

생각하기

우리도 미래에 이렇게 멋진 발명품들을 만들 수 있을까요? 센서를 이용해 만들 수 있는 우리 생활에 필요한 발명품을 생각해 봅시다.

Q1 센서를 이용한 나만의 발명품을 생각해 보고, 이를 설명해 봅시다.

_____

_____

_____

3

무선 조종! 네오봇과 엔트리 연결하기

네오봇 속에는 이미 네오봇을 움직일 수 있는 명령어, 즉 코딩이 입력되어 있어요. 그렇지만 정해진 대로만 움직이면 재미가 없겠

무엇을 배울까?

1. 네오봇과 엔트리를 연결하는 방법을 알아봅시다.
2. 엔트리에 있는 네오봇 하드웨어 블록을 살펴봅시다.
3. 엔트리로 네오봇을 코딩해 봅시다.
4. 새로운 코딩 문제에 도전해 봅시다.

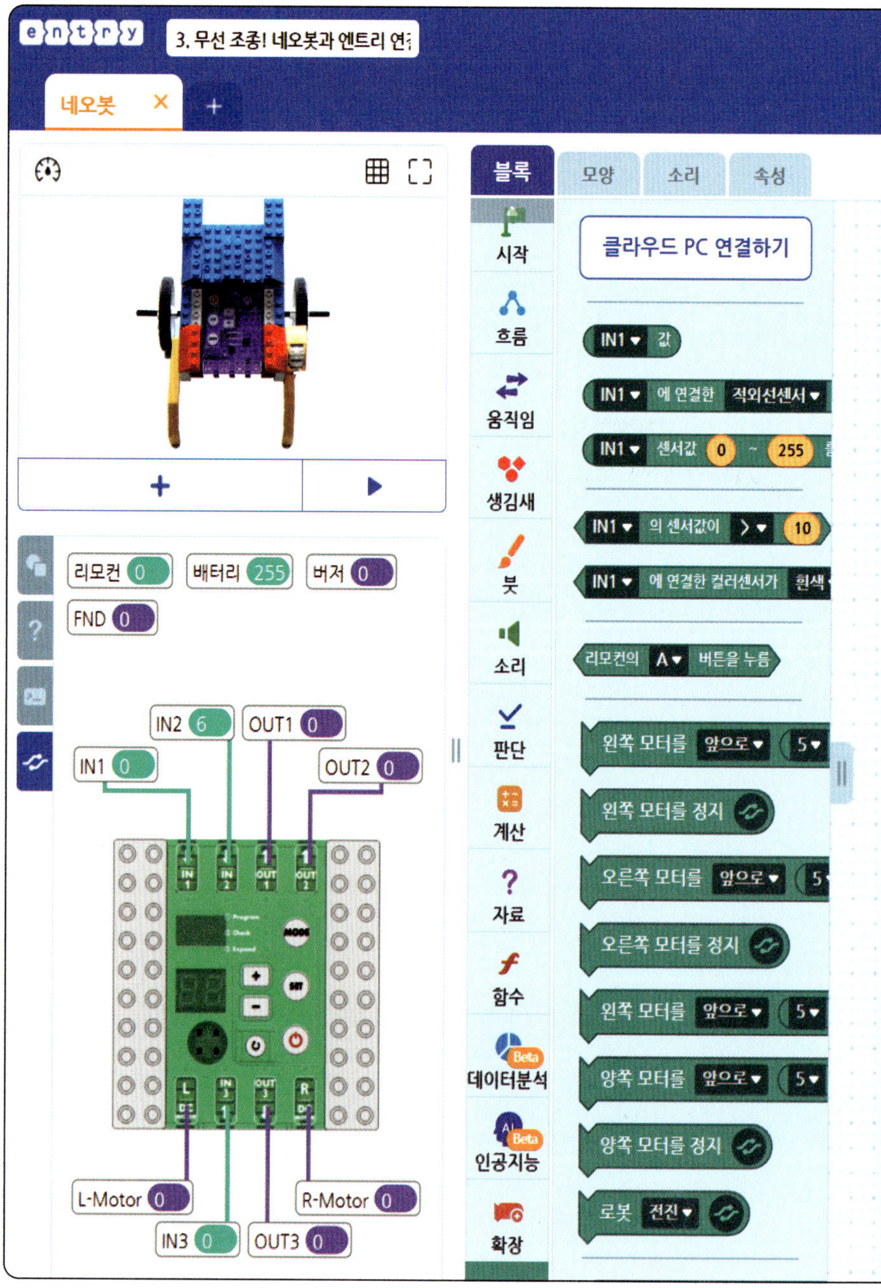

준비물

네오봇, 인터넷이 가능한 컴퓨터 (또는 안드로이드 스마트폰이나 태블릿 PC)

(※ 네오봇 버전에 따라 스마트 컨트롤러의 색깔이나 블록 구성이 다를 수 있습니다.)

Coding School

죠? 이제 컴퓨터와 네오봇을 연결해서 명령어를 입력해 여러분이 원하는 대로 네오봇을 움직이게 하는 방법을 알아봅시다.

Q1 명령어를 완벽하게 코딩했는데 네오봇이 움직이지 않아요.

일반 명령어 블록을 사용하지 않았나요? 네오봇 하드웨어를 사용하기 위해서는 같은 뜻의 명령어라도 하드웨어에 있는 블록을 사용해야 합니다.

Q2 네오봇의 스마트 동글을 꽂았는데도 연결이 되지 않아요.

프로그램을 모두 설치했지만 기기와 연결이 되지 않는다면 스마트 동글에 있는 리셋 버튼을 한 번 눌러줍니다.

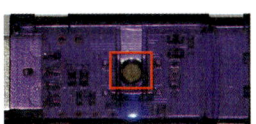

네오봇

네오봇과 엔트리를 연결해요

01 네오봇과 인터넷이 가능한 컴퓨터를 준비합니다.

02 인터넷 주소 창에 'https://playentry.org/'를 직접 입력하거나 검색창에 '엔트리'를 입력하여 엔트리 홈페이지에 접속합니다.

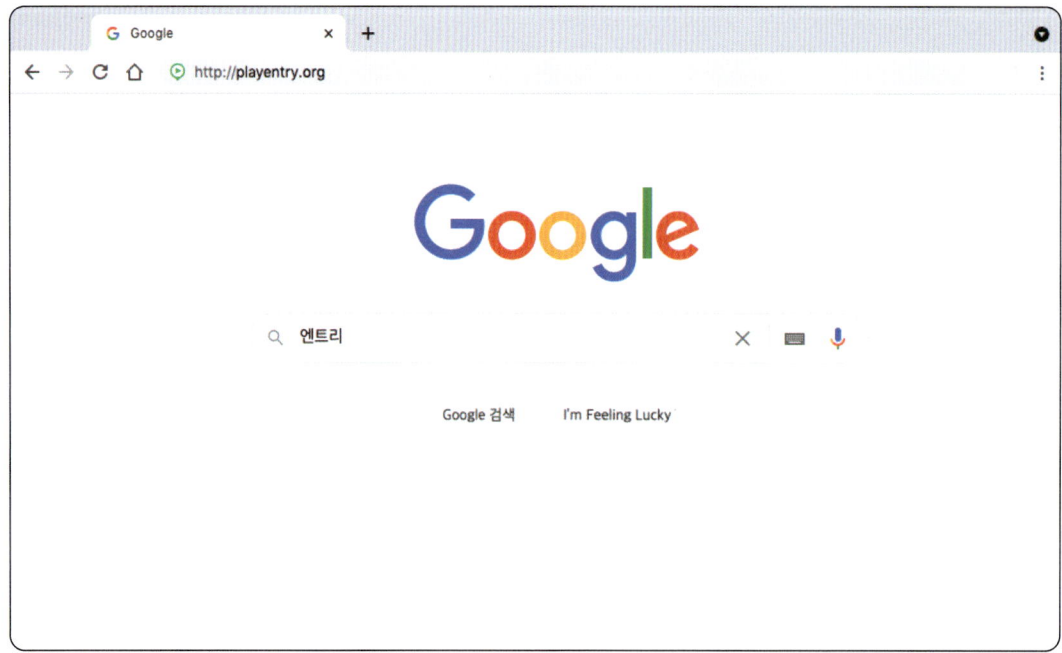

03 '만들기' 메뉴의 '작품 만들기'를 선택한 뒤, '블록' 탭에 있는 '하드웨어'를 클릭합니다.

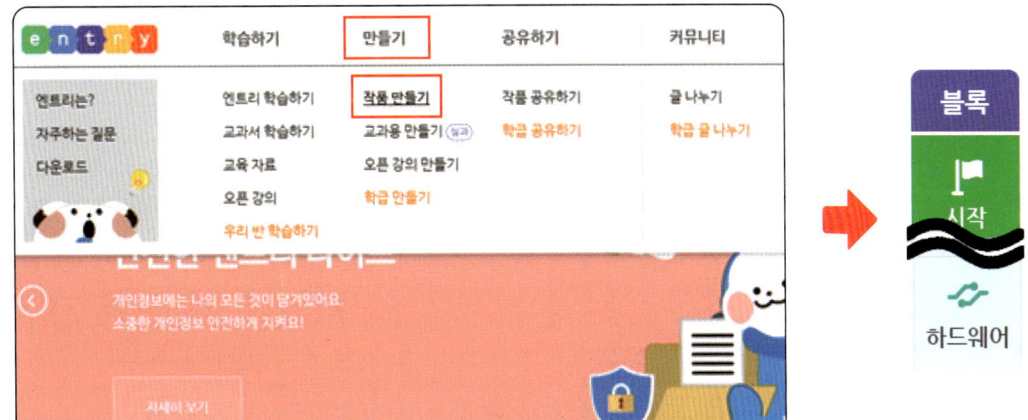

04 스마트 동글을 컴퓨터에 꽂고 스마트 컨트롤러의 전원을 켭니다.

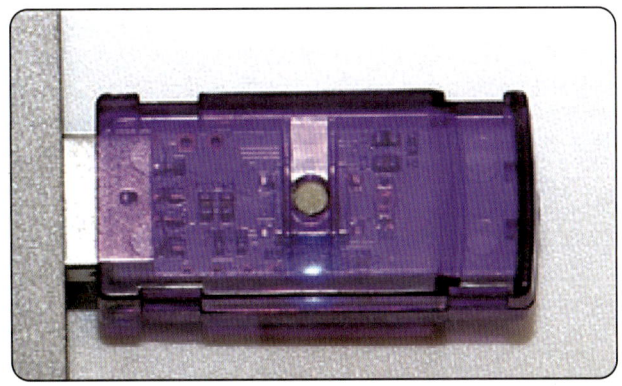 

05 '연결 프로그램 다운로드'를 눌러 연결 프로그램을 설치한 뒤, '연결 프로그램 열기'를 클릭하여 프로그램 창을 엽니다.

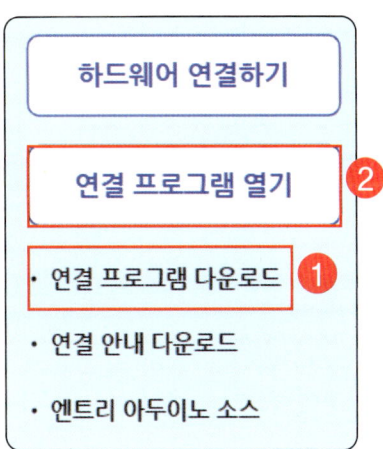

네오봇

06 검색창에 '네오봇'을 검색한 뒤, '네오봇(전용 동글)'을 클릭하여 기기를 연결합니다. '드라이버 설치'를 클릭하여 네오봇 드라이버를 설치합니다.

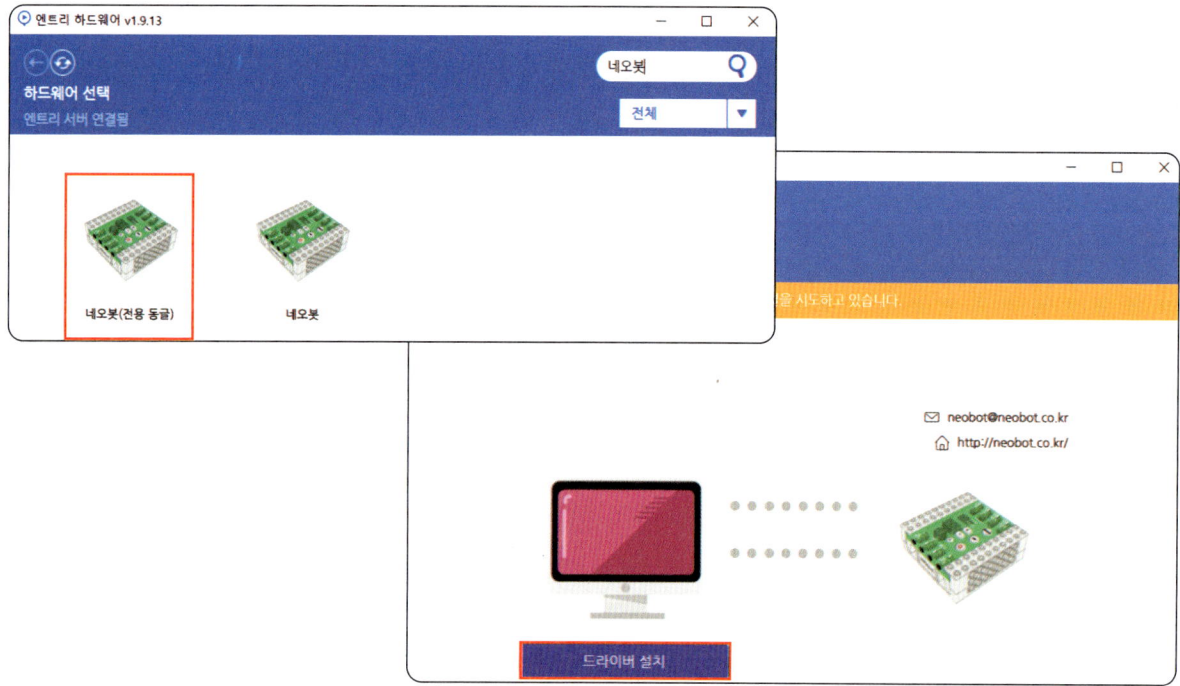

07 연결에 성공했습니다. 코딩할 때, 엔트리 하드웨어를 끄지 말고 ☐를 눌러서 작업표시줄에 내려놓습니다.

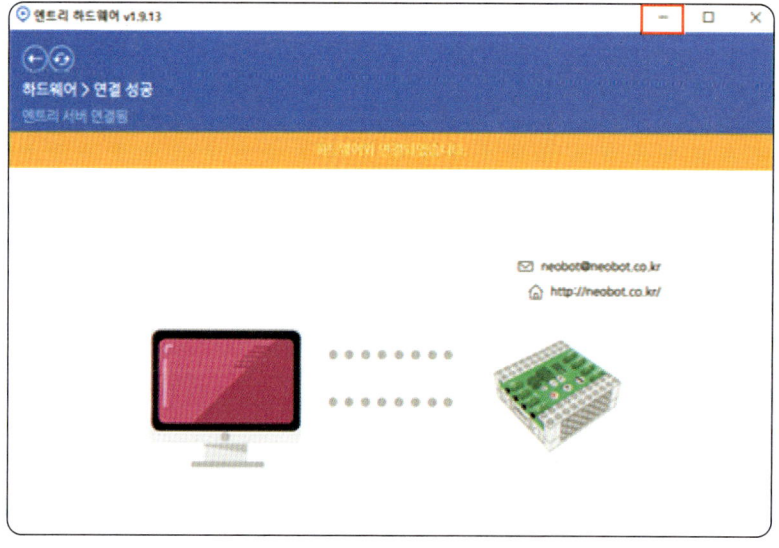

엔트리 하드웨어 블록을 살펴봐요

 센서 값 확인하기

01 오브젝트 창 왼쪽편에 하드웨어 아이콘을 클릭하면 네오봇의 센서 값을 확인할 수 있습니다. 이곳에서 센서 값을 실시간으로 확인하며 코딩을 합니다.

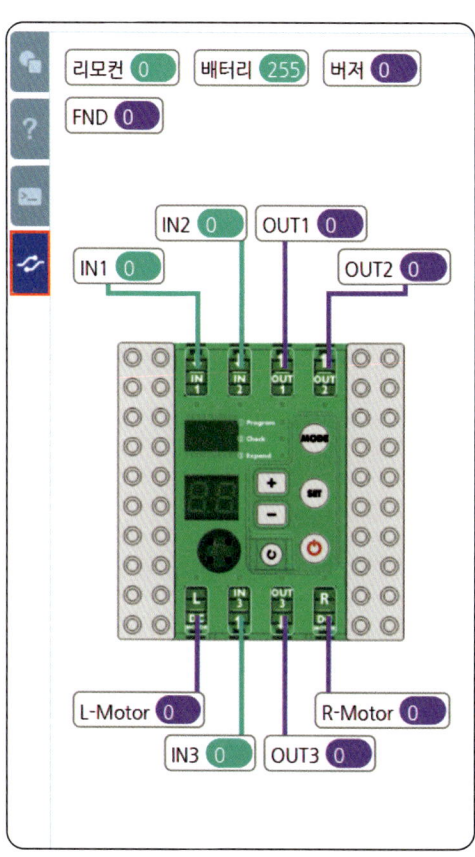

 하드웨어 블록 알아보기

01 (하드웨어) 탭 안에 있는 엔트리 블록 중 센서 값을 이용할 수 있는 블록들입니다(리모컨을 사용하려면 별도로 구매하여야 합니다.).

네오봇

02 모터 블록(DC 모터)을 제어할 수 있는 엔트리 블록입니다.

03 LED 블록을 제어할 수 있는 엔트리 블록입니다.

04 서보모터(Servo모터)를 제어할 수 있는 엔트리 블록입니다 (서보모터를 사용하려면 별도로 구매해야 합니다.).

05 소리 센서를 제어할 수 있는 엔트리 블록입니다.

엔트리로 네오봇을 코딩해요

 어두워지면 빛을 내는 네오봇

01 빛 센서를 IN1 에, LED 블록을 OUT1 에 꽂습니다.

02 블록 꾸러미의 시작, 흐름, 하드웨어 탭을 선택해 다음과 같은 블록을 블록 조립소로 가져옵니다.

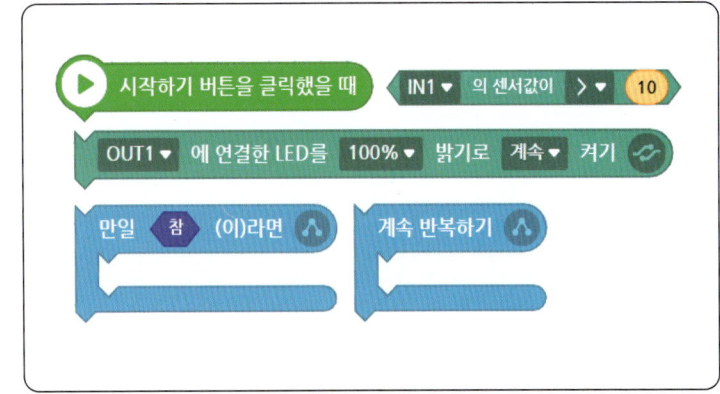

03 '▼'를 클릭하면 연산 기호를 바꿀 수 있습니다. '>' 를 '<'로 변경합니다. 다음과 같이 두 블록을 연결합니다.

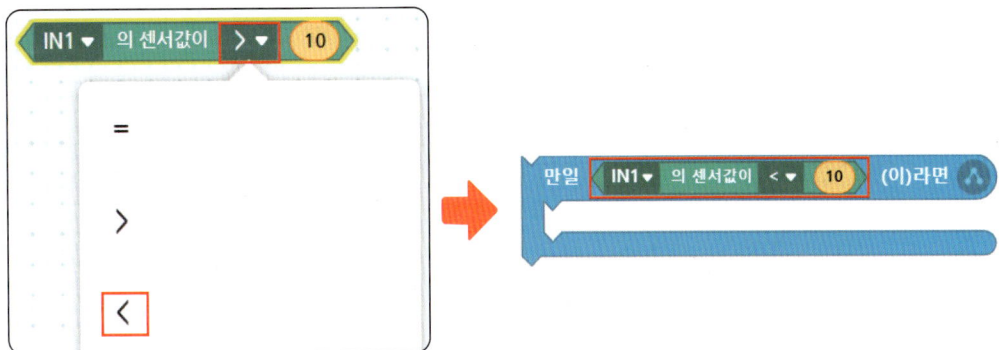

33

네오봇

04 시작하기 버튼을 클릭했을 때 '만일 IN 1에 꽂힌 빛 센서 값이 10보다 크다면 OUT 1에 꽂힌 LED 블록을 100% 밝기로 2초 동안 켜는 것'을 반복하도록 코딩하고 실행해 봅니다.

버튼을 누르면 앞으로 나가는 네오봇

01 접촉 센서를 [IN 2]에, 모터 블록을 [MOTOR Left], [MOTOR Right]에 꽂습니다.

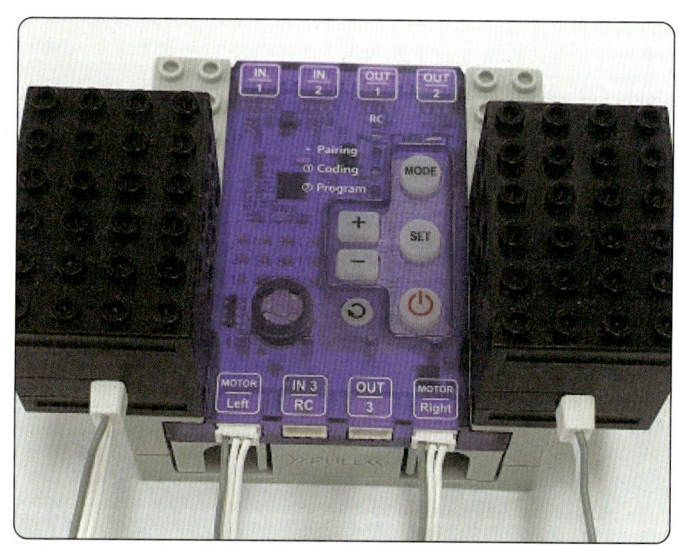

02 모터의 움직임을 알기 위해 양 모터에 축과 바퀴도 끼워줍니다.

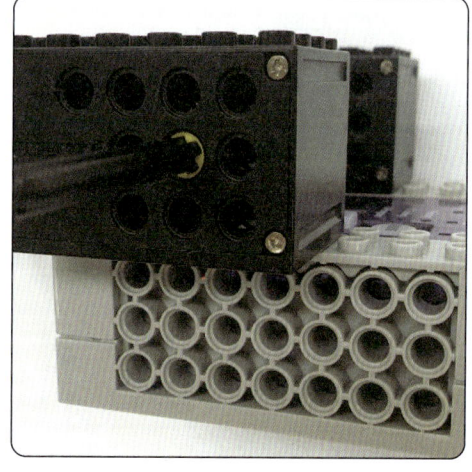 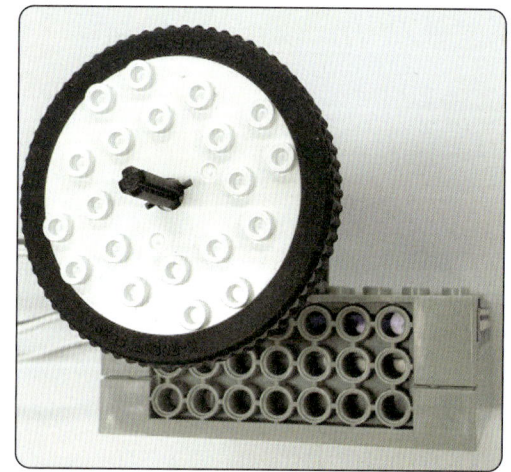

03 시작, 흐름, 하드웨어 탭을 선택해 다음과 같은 블록을 블록 조립소로 가져옵니다.

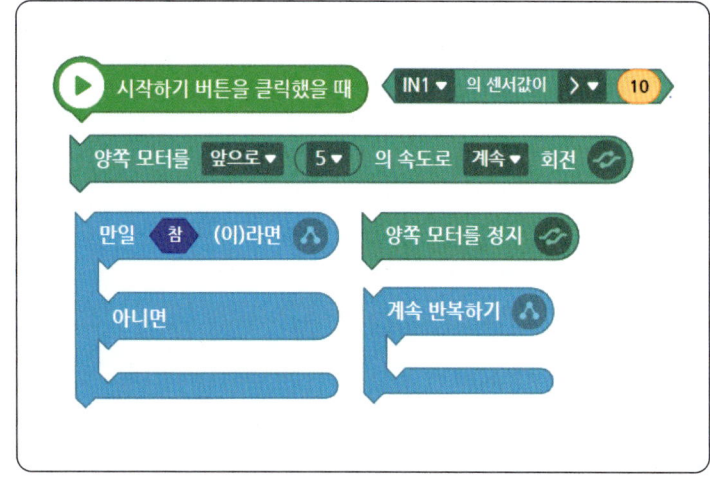

04 접촉 센서는 눌렀을 때 값이 255, 누르지 않았을 때 값이 0이므로 '센서 값 기준을 255와 같다'로 정합니다.

05 시작하기 버튼을 클릭했을 때 '만일 IN 2에 꽂힌 접촉 센서 값이 255와 같다면 양쪽 모터가 앞으로 5의 속도로 계속 회전하고, 255가 아니면 양쪽 모터를 정지함'을 반복하도록 코딩하고 실행해 봅니다.

네오봇

도전하기

Mission 01 박수를 치면 빛을 내며 내가 만든 음악을 연주하는 네오봇을 코딩해 봅시다.

TIP 아래 블록을 사용해 보세요.

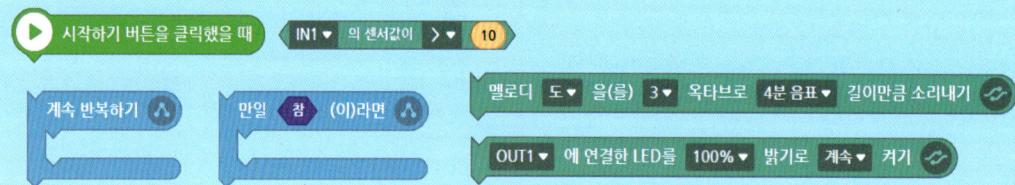

질문하기

Q1 없는 음계가 있어요.

네오봇 안에는 소리를 출력하는 장치가 달려 있어요. 그런데 이 출력 장치가 모든 음계를 재생하지는 못한답니다. 엔트리의 '하드웨어' 탭에서 소리 블록을 이용해서 소리를 직접 들어보고 나만의 음악을 만들어 보세요.

Mission 02 검은색과 흰색을 구분하여 말하는 네오봇을 코딩해 봅시다.

TIP 아래 블록을 사용해 보세요.

질문하기

Q1 검은색 종이 위에 올려놓아도 구분하지 못해요.

검은색도 다양한 검은색이 있다는 것을 아시나요? 빨려 들어갈 것 같은 짙은 검은색도 있고 밤하늘같이 은은한 검은색도 있어요. 구분하고자 하는 물체, 특히 종이에 인쇄된 검은색은 종이나 잉크에 따라 검은색의 정도가 달라집니다. 그래서 코딩을 할 때, 센서 값을 확인하면서 센서 기준을 정해야 해요. 내가 가진 검은색 물건에 센서를 갖다 댔을 때 값이 15이면 넉넉하게 20보다 작을 때(IN 2의 센서 값이<20) 네오봇이 동작하도록 설정해 주어야 합니다.

읽을거리

엔트리로 무엇을 할 수 있을까?

엔트리에서는 다양하고 재미있는 작품을 만들 수 있어요. 하드웨어 블록을 사용하지 않더라도 여러 가지 오브젝트를 이용해 똑똑한 계산 로봇을 만들 수도 있고 멋진 연극을 만들 수도 있으며, 재밌는 게임을 만들 수도 있어요. 어떤 것들을 처음 만들어야 할지 모르겠다면 다른 친구들이 공유해 놓은 작품을 구경해 보세요!

entry	학습하기	만들기	공유하기	커뮤니티
엔트리는?	엔트리 학습하기	작품 만들기	작품 공유하기	글 나누기
자주하는 질문	교과서 학습하기	교과용 만들기 (실과)	학급 공유하기	학급 글 나누기
다운로드	교육 자료	오픈 강의 만들기		
	오픈 강의	학급 만들기		
	우리 반 학습하기			

충분히 구경을 해보았다면 이제 친구들이 도전해 볼 차례예요. 엔트리를 이용해서 즐겁게 만들어 봅시다. 아직 어떻게 하는지 모르겠다면 '엔트리 학습하기'에서 제공하는 '이상한 티파티'부터 체험해 볼까요?

– 엔트리, 2018년 8월 28일, https://playentry.org/legacy_maze#!/2020-2/1

생각하기

이제 계획을 세워 나만의 엔트리 작품을 만들어 봅시다.

TIP
1. 작품은 중간중간 확인해야 해요. 그래야 어느 단계에서 오류가 났는지 알고 수정하기 편해요.
2. 변수, 신호 등 아직 낯선 내용을 더 알고 싶다면 '엔트리 학습하기'를 이용해서 사용법을 배워 보세요.

Q1 어떤 작품을 만들고 싶은지 적어 봅시다.

___

Q2 완성된 작품을 설명해 봅시다.

___

4

신나게 달려보자! 내 마음대로 레이싱카

미니 트랙 위를 신나게 질주하는 레이싱카를 본 적이 있나요?
원격 조종기를 이용해서 좌·우의 버튼을 누르면 레이싱카가

무엇을 배울까?

1. 버튼을 누르면 내가 조종하는 방향으로 움직이는 레이싱카를 조립해 봅시다.
2. 엔트리로 레이싱카를 움직이는 명령어를 코딩해 봅시다.
3. 레이싱카에 명령어를 추가하여 더 멋지게 완성해 봅시다.

주요 부품	
1	스마트 컨트롤러
2	모터

Coding School

방향을 이리저리 움직이며 곡선 트랙도 멋지게 달립니다. 네오봇으로 내 마음대로 조종할 수 있는 멋진 레이싱카를 만들어 봅시다.

Q1 네오봇 레이싱카는 사진에 나온 것처럼 만들어야 하나요?

레이싱카의 모양은 크게 상관없습니다. 부품에 방해받지 않고 자유롭게 움직일 수 있도록 만들면 됩니다. 마음에 드는 부품을 사용해서 나만의 레이싱카를 만들어 봅시다.

Q2 바퀴는 왜 한 쌍만 달려있나요?

360도 회전하는 DC모터가 네오봇 구성에 2개 들어있기 때문입니다. 레이싱카가 쓰러지지 않게 굽은 블록을 이용해 지지해줍니다. 굽은 블록 대신 다른 블록을 쓸 수 있는지도 생각해 봅시다.

네오봇

레이싱카를 조립해요

01 사진과 같이 부품을 준비합니다.

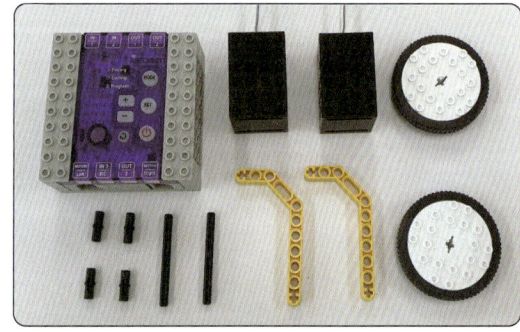

02 모터 블록을 스마트 컨트롤러의 양쪽 아래에 조립하고 왼쪽 모터선을 MOTOR Left 에, 오른쪽 모터선을 MOTOR Right 에 꽂습니다.

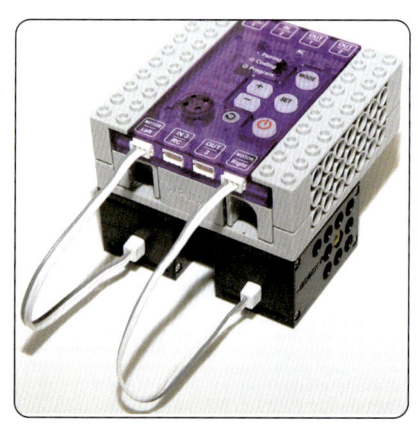

03 검은색 고정핀을 사진과 같이 꽂은 뒤 컨트롤러와 연결합니다.

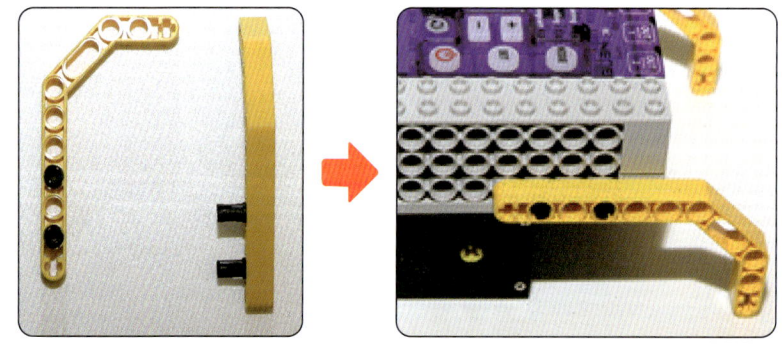

04 긴 축 막대를 모터 블록에 꽂은 뒤, 바퀴를 조립합니다.

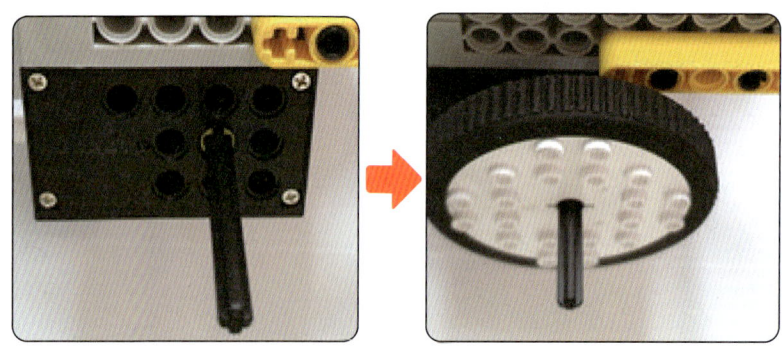

05 레이싱카가 완성되었습니다. 원하는 부품을 사용하여 자유롭게 레이싱카를 꾸며 봅시다.

레이싱카를 코딩해요

 네오봇과 엔트리 연결하기

01 네오봇과 엔트리를 블루투스로 연결합니다.
(※엔트리 '하드웨어'를 끄지 말고 ⊟를 눌러서 내려놓습니다.)

네오봇

레이싱카 코딩하기 1

01 탭을 선택해 다음과 같은 블록을 블록 조립소로 가져옵니다.

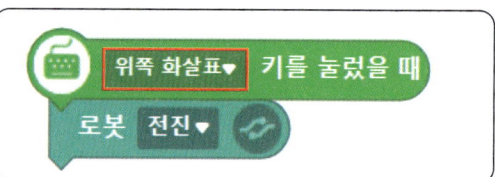

02 '▼'를 클릭해 'q'를 '위쪽 화살표'로 바꿉니다.

03 시작 블록에 마우스 오른쪽 버튼을 눌러 '코드 복사 & 붙여넣기'를 클릭하고 블록을 5개 복사합니다.

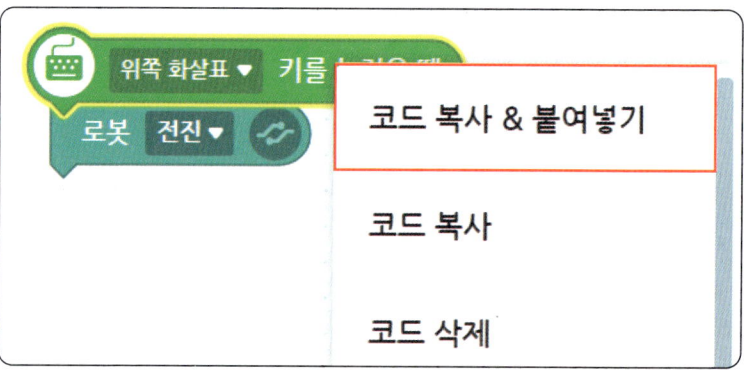

04 ↑ ↓ ← → Space Bar 키를 누르면 로봇이 각각 전진, 후진, 우회전, 좌회전, 정지를 할 수 있도록 다음과 같이 블록을 변경합니다.

레이싱카 코딩하기 2

01  탭을 선택해 다음과 같은 블록을 블록 조립소로 가져옵니다.

02 판단 블록을 흐름 블록에 끼워 넣고 '▼'키를 클릭해 'q'를 '위쪽 화살표'로 바꿉니다.

03 흐름 블록을 마우스 오른쪽 버튼을 눌러 '코드 복사 & 붙여넣기'를 클릭하고 블록을 5개 복사합니다. 그런 다음, 다음과 같이 블록을 변경합니다.

네오봇

04 시작하기 버튼을 클릭했을 때 키보드의 키에 따라 네오봇이 움직이고, 그 움직임이 계속 반복될 수 있도록 블록을 다음과 같이 조립합니다.

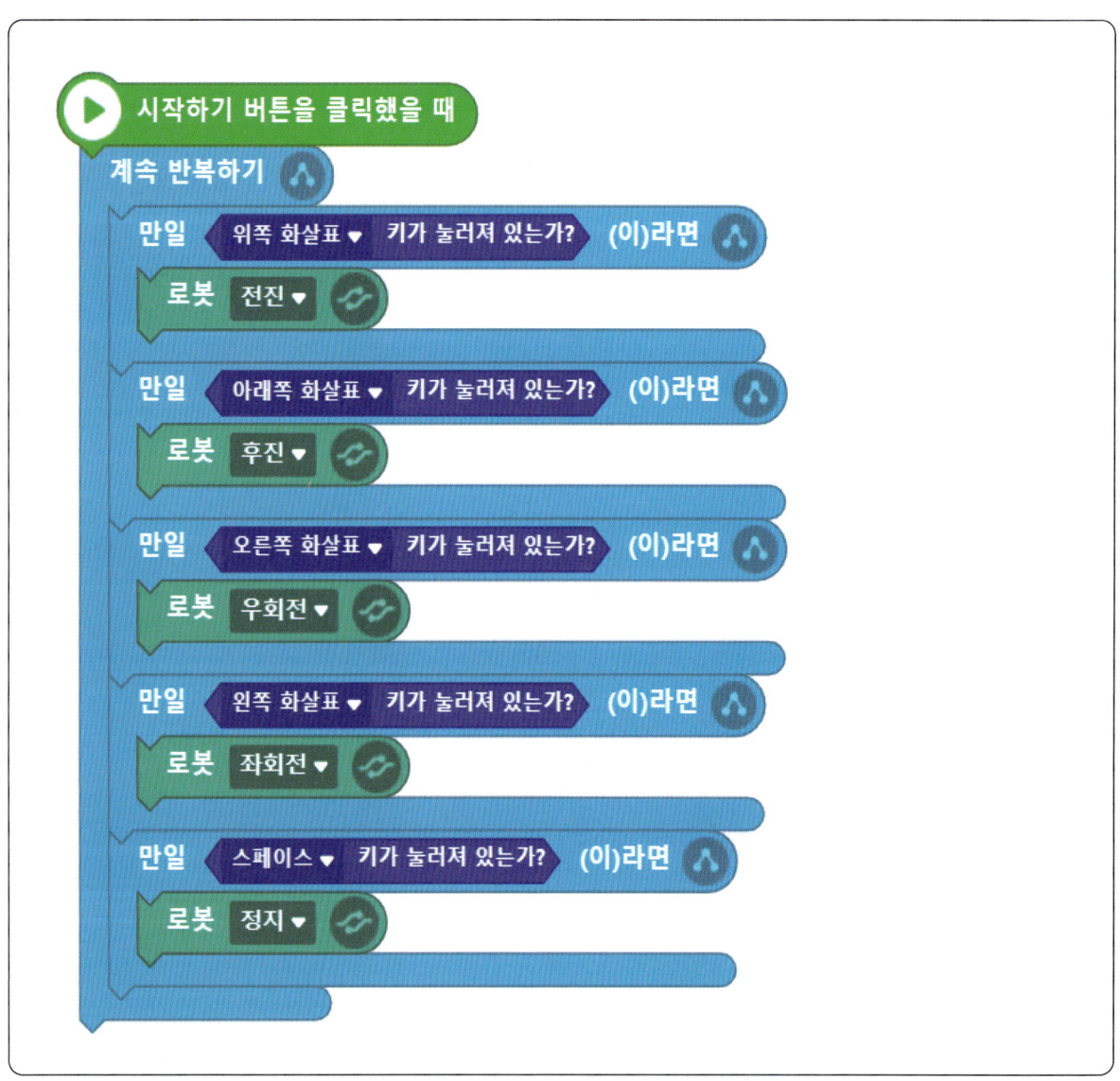

레이싱카를 움직여요

레이싱카 조종하기

01 엔트리 작품의 플레이 버튼(▶)을 눌러 프로젝트를 실행시킵니다.

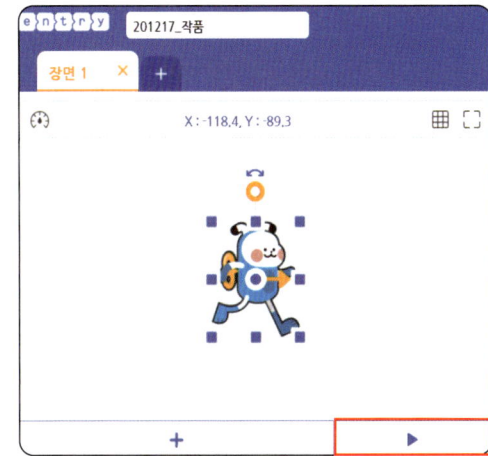

02 키보드의 ↑ ↓ ← → Space Bar 키를 눌러 레이싱카를 움직여 봅시다.

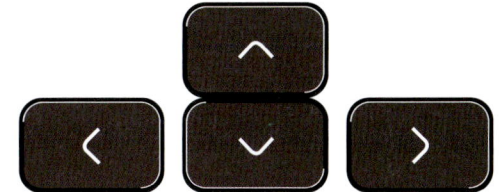

03 생각한 대로 작동하지 않는다면 엔트리 블록을 살펴보고 수정해 봅시다.

생각하기

Q1 다른 부품을 이용해서 레이싱카를 지지할 수 있을까요?

Q2 블록이 계속 반복하기의 안에 제대로 끼워져 있나요?

나만의 레이싱카 평가하기

	매우 그렇다	그렇다	보통이다
레이싱카가 앞, 뒤, 좌, 우로 잘 움직이고 멈추나요?			
레이싱카가 중심을 잘 잡고 넘어지지 않나요?			
레이싱카의 모양이 안정감있게 만들어졌나요?			

네오봇

도전하기

Mission 01 레이싱카가 더 빨리 움직이도록 코딩해 보세요.

TIP 아래 블록을 사용해 보세요.

- 위쪽 화살표▼ 키를 눌렀을 때
- 아래쪽 화살표▼ 키를 눌렀을 때
- 왼쪽 화살표▼ 키를 눌렀을 때
- 오른쪽 화살표▼ 키를 눌렀을 때
- 스페이스▼ 키를 눌렀을 때
- 양쪽 모터를 앞으로▼ 15▼ 의 속도로 계속▼ 회전
- 양쪽 모터를 뒤로▼ 15▼ 의 속도로 계속▼ 회전
- 왼쪽 모터를 앞으로▼ 1▼ & 오른쪽 모터를 앞으로▼ 10▼ 의 속도로 회전
- 왼쪽 모터를 앞으로▼ 10▼ & 오른쪽 모터를 앞으로▼ 1▼ 의 속도로 회전
- 양쪽 모터를 정지

질문하기

Q1 레이싱카를 좌회전하게 하려면 어떻게 해야 할까요?

양손에 바퀴가 달렸다고 생각하고 왼손을 멈추고 오른손은 돌려 보세요. 이때, 레이싱카가 어느 방향으로 움직이는지 생각해 봅시다.

Q2 좌회전할 때, 왼쪽 모터 속력을 '0'이 아니라 '1'로 하는 이유는 무엇인가요?

이론상으로는 왼쪽 바퀴 속도 '0'도 맞지만 왼쪽과 오른쪽 모터가 동시에 돌아야 하는 블록이기 때문에 '1'을 넣어 두 바퀴가 모두 움직이게 합니다. '왼쪽 모터를 정지' 블럭과 '오른쪽 모터를 앞으로 5의 속도로 회전' 블록을 함께 쓰면 왼쪽 모터가 정지한 상태에서 오른쪽 모터만 움직여 레이싱카가 좌회전할 수 있습니다.

- 왼쪽 모터를 정지
- 오른쪽 모터를 앞으로▼ 5▼ 의 속도로 회전

읽을거리

자동차가 스스로 움직일 수 있을까?

만약 여러분이 100년 전에 살던 사람이었다면 운전자가 운전대에서 손을 떼도 스스로 움직이는 차가 있다는 것을 믿을 수 있었을까요? 1886년 세계 최초의 자동차가 나온 순간부터 자동차는 눈부시게 발전해 왔습니다. 그런데 앞으로 10년의 발전이 이보다 더 빠르고 눈부실 것이랍니다. 바로 자율주행 자동차 덕분이지요.

자율주행 자동차는 자동차를 탄 사람이 직접 운전하지 않아도 스스로 움직이는 자동차를 말합니다. 가까운 미래에는 자율주행 자동차가 스스로 운전하는 동안 여러분은 차 안에서 가족들과 이야기하고 함께 영화도 볼 수 있습니다. 심지어 잠을 잘 수도 있을 거예요. 그렇다면 이 멋진 자율주행 자동차는 언제쯤 만날 수 있을까요? 영상을 보며 자율주행 자동차의 현재를 살펴봅시다.

— 엠빅뉴스, 2020년 12월 24일, https://youtu.be/flKRmQwfr9M

생각하기

Q1 자율주행 자동차는 어떤 방식으로 움직이는 것일까요?

Q2 자율주행 자동차가 주행 중 고장났습니다. 핸들을 왼쪽으로 꺾으면 운전자가 다치고, 오른쪽으로 꺾으면 횡단보도를 건너던 할아버지가 다치게 된다고 생각할 때 자율주행 자동차는 누구의 안전을 우선으로 해야 할지 생각해 봅시다.

5. 나를 사랑한 반려봇!

사랑스럽고 귀여운 강아지를 키우고 싶은 생각을 해 본 적이 있나요? 하지만 집에서 키우기 위해서는 여러 가지 어려움이 있기 마련이죠. 네오봇을 이용하여 나만의 강아지 로봇을 만들어

무엇을 배울까?

1. 내 손을 따라 움직이는 반려 로봇을 조립해 봅시다.
2. 엔트리로 반려 로봇을 움직이는 명령어를 코딩해 봅시다.
3. 반려 로봇에 명령어를 추가하여 더 멋지게 완성해 봅시다.

여기에 적외선 센서가 있어 적외선 빛을 발산하고 반사되어 들어오는 적외선 빛의 양을 감지합니다.

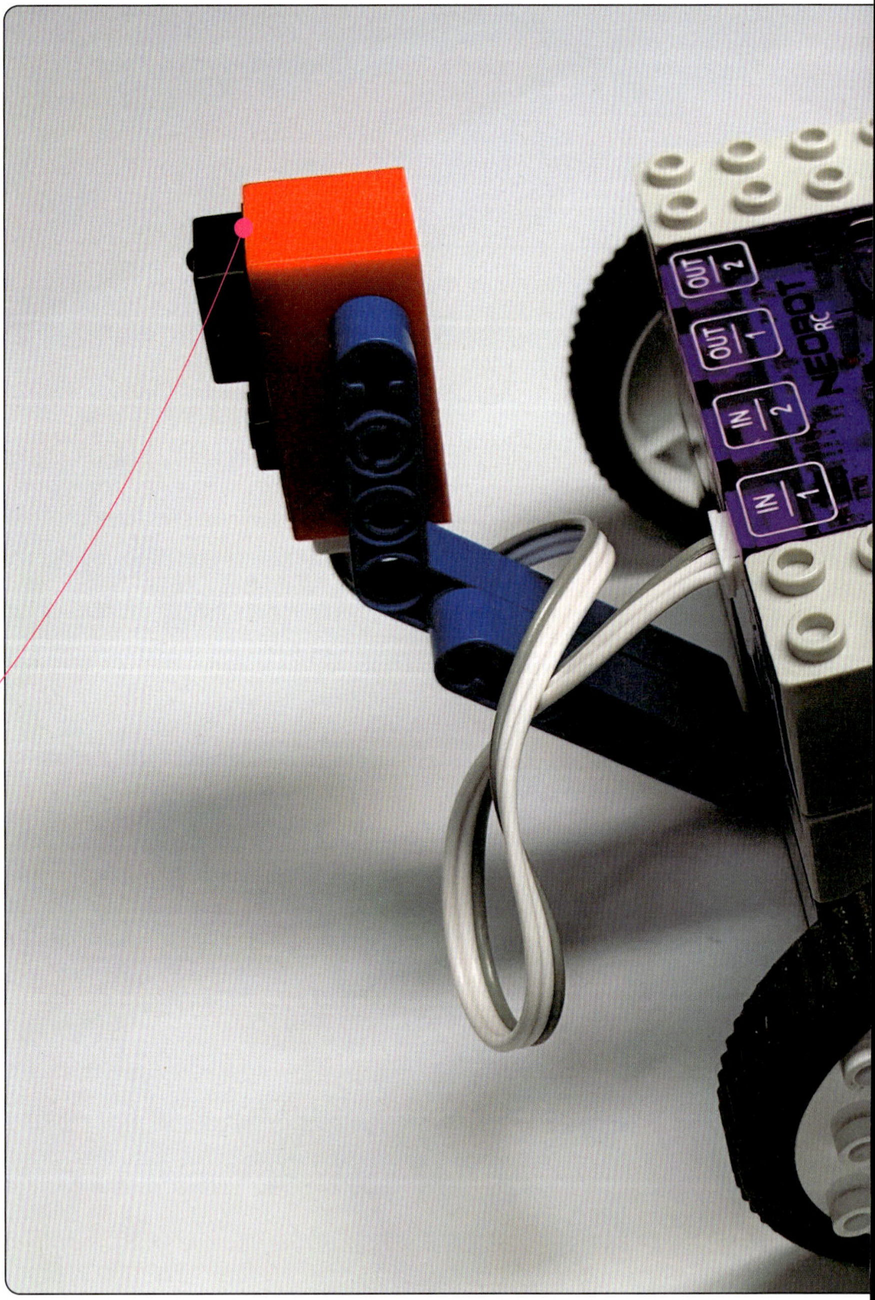

	주요 부품
1	스마트 컨트롤러
2	적외선 센서

보면 어떨까요? 내 손을 졸졸 따라오고 여러 소리를 냅니다. 생각만 해도 즐겁지 않나요? 지금부터 나만의 반려 로봇을 만들어 봅시다.

Q1 반려 로봇을 사진에 나온 것처럼 만들어야 하나요?

모양은 크게 상관없습니다. 부품에 방해받지 않고 자유롭게 움직일 수 있도록 만들면 됩니다. 내가 꾸미고 싶은 형태로 나만의 반려 로봇을 만들어 봅시다.

Q2 반려 로봇의 속도는 어떻게 하나요?

반려 로봇의 속도가 너무 빠르거나 느리면 센서를 활용하기 어려워집니다. 속도를 조정하며 적당한 빠르기를 찾아봅시다.

네오봇

반려 로봇을 조립해요

01 사진에 있는 부품을 준비합니다.

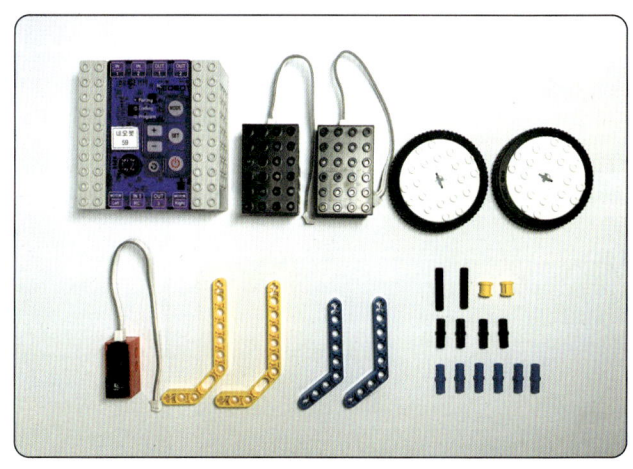

02 적외선 센서를 연결하기 위한 파란색 굽은 블록 2개를 연결하고 한쪽 끝에 적외선 센서를 연결합니다. 그리고 파란색 굽은 블록의 반대쪽은 모터 블록의 한쪽 면과 연결합니다.

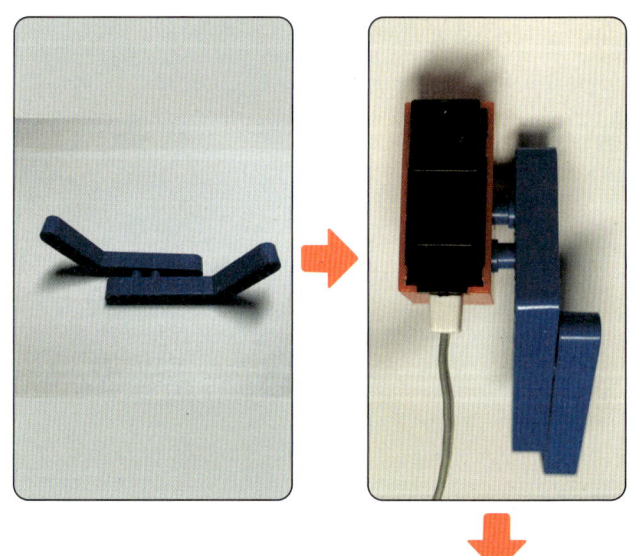

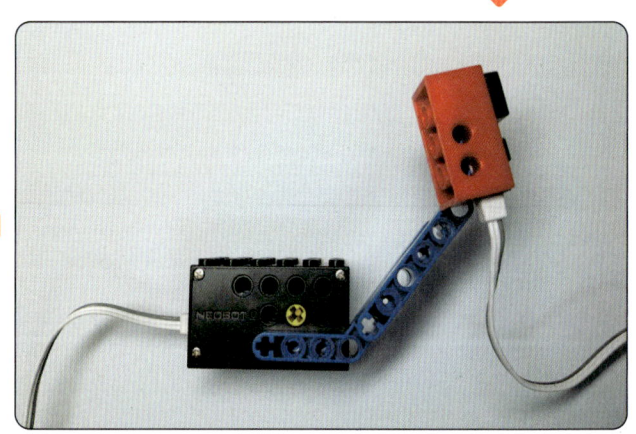

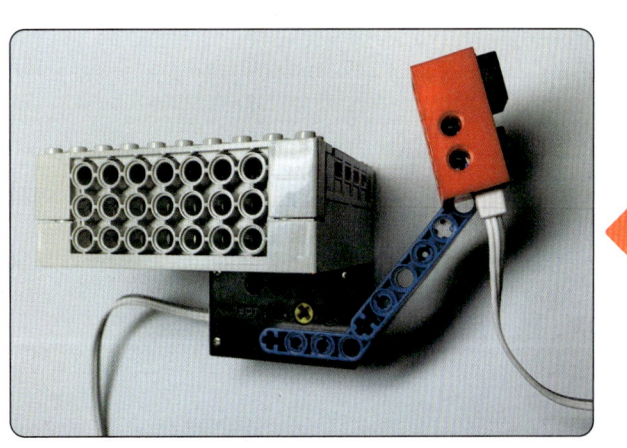

03 모터 블록을 컨트롤러의 양쪽 아래에 조립하고 왼쪽 모터선을 `MOTOR Left` 에, 오른쪽 모터선을 `MOTOR Right` 에 연결합니다.

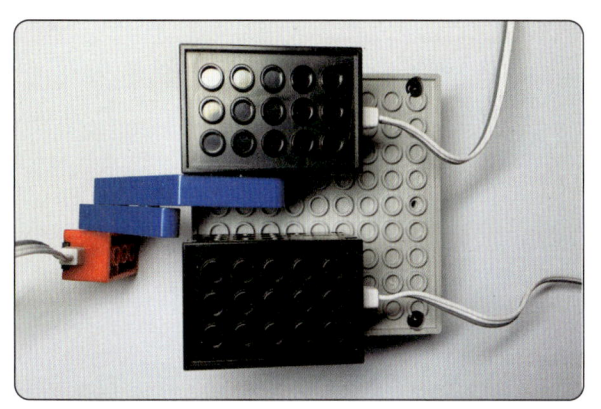

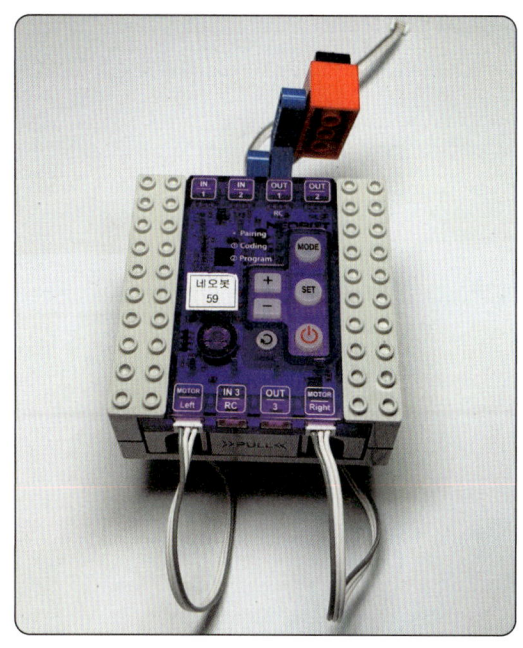

04 스마트 컨트롤러의 IN 1에 적외선 센서를 연결합니다.

네오봇

05 축(소)의 가운데에 축 고정핀을 끼운 뒤, 모터 블럭에 연결합니다. 그리고 큰 타이어(휠)와 축을 연결합니다.

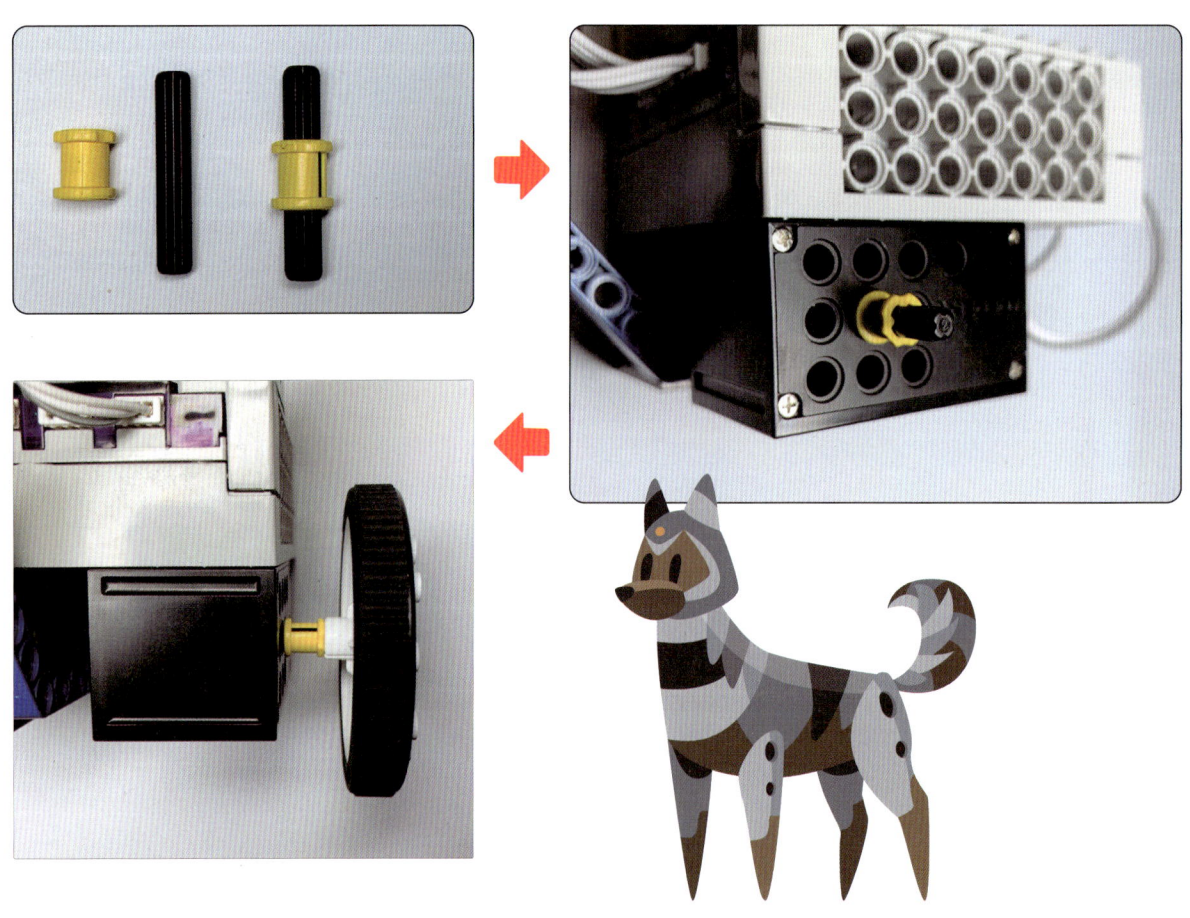

06 컨트롤러 (양쪽)옆면에 고정핀을 연결하고 노란색 굽은 블록을 연결합니다.

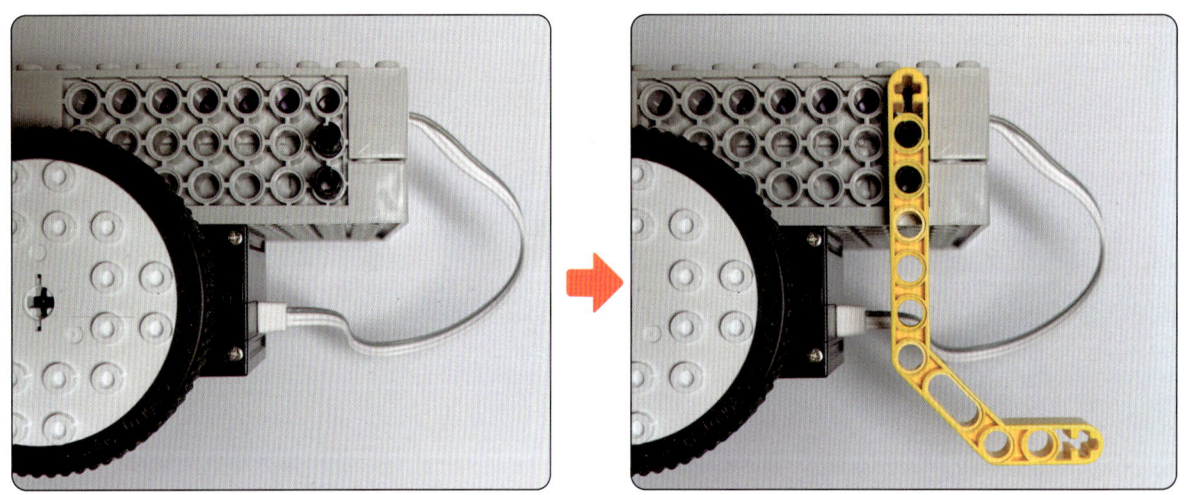

07 반려 로봇이 완성되었습니다. 원하는 부품을 사용하여 자유롭게 반려 로봇을 꾸며보세요.

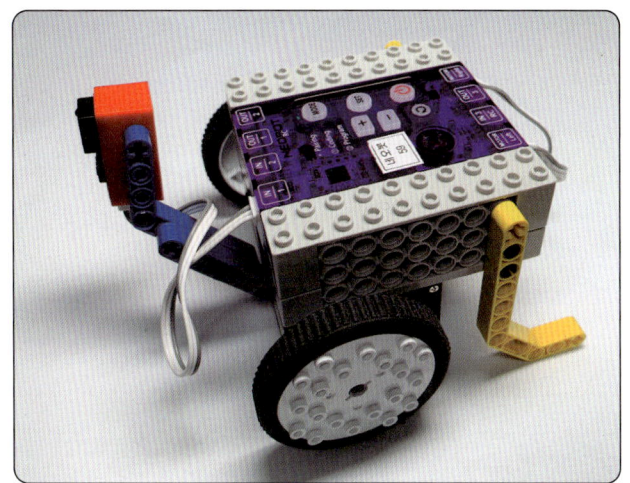

생각하기

Q1 다른 부품을 이용해서 반려 로봇을 꾸며볼 수 있을까요?

반려 로봇을 코딩해요

 반려 로봇 코딩 준비하기

01 시작, 흐름, 하드웨어 탭을 선택해 다음과 같은 블록을 블록 조립소로 가져옵니다.

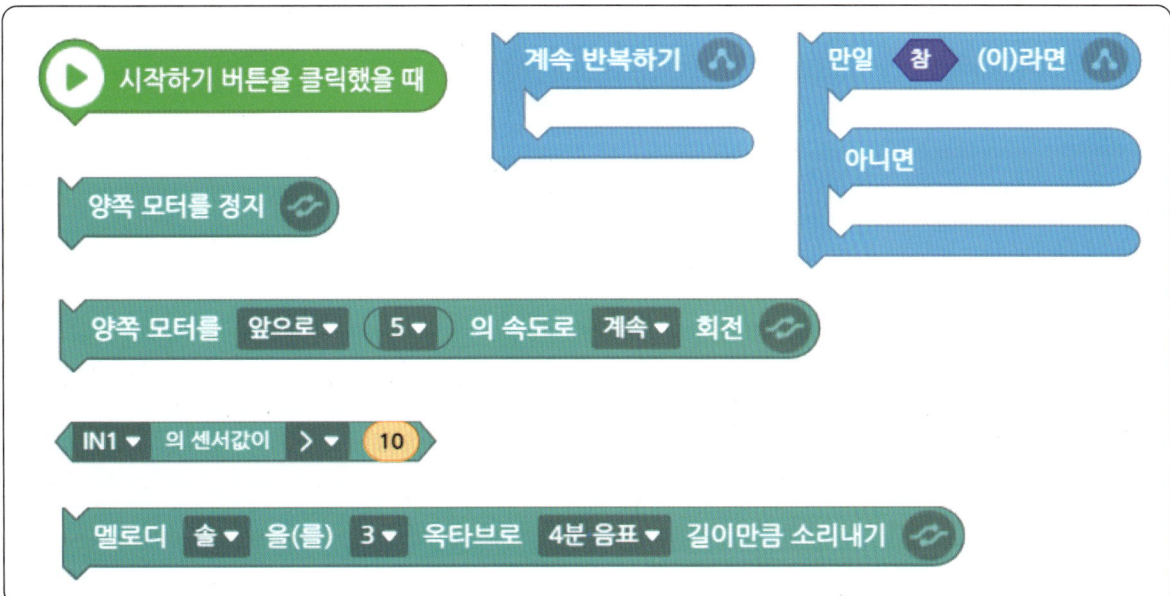

생각하기

Q1 위 블록을 이용해 손을 따라오는 반려 로봇을 코딩할 수 있나요?
Q2 손을 따라오며 다양한 소리를 낼 수 있는 반려 로봇을 코딩할 수 있나요?

네오봇

반려 로봇 코딩하기

01 반려 로봇이 손을 따라올 수 있도록 블록을 조립합니다. 이때, 적외선 센서의 값을 알맞게 조정합니다.

TIP 센서의 값을 조정하는 방법은 55쪽에서 확인할 수 있어요!

02 반려 로봇이 손을 따라올 때 소리를 내도록 블록을 조립합니다.

반려 로봇 움직이기

01 엔트리 작품의 플레이 버튼(▶)을 눌러 프로젝트를 실행시킵니다.

02 적외선 센서에 손을 대고 반려 로봇을 움직여 봅시다.

03 생각한 대로 작동하지 않는다면 엔트리 블록을 살펴보고 수정해 봅시다.

생각하기

Q1 센서와 연결포트가 잘 연결되어 있나요?
Q2 블록의 연결포트와 센서 값이 알맞게 코딩되었나요?

 센서 값 확인(조정)하기

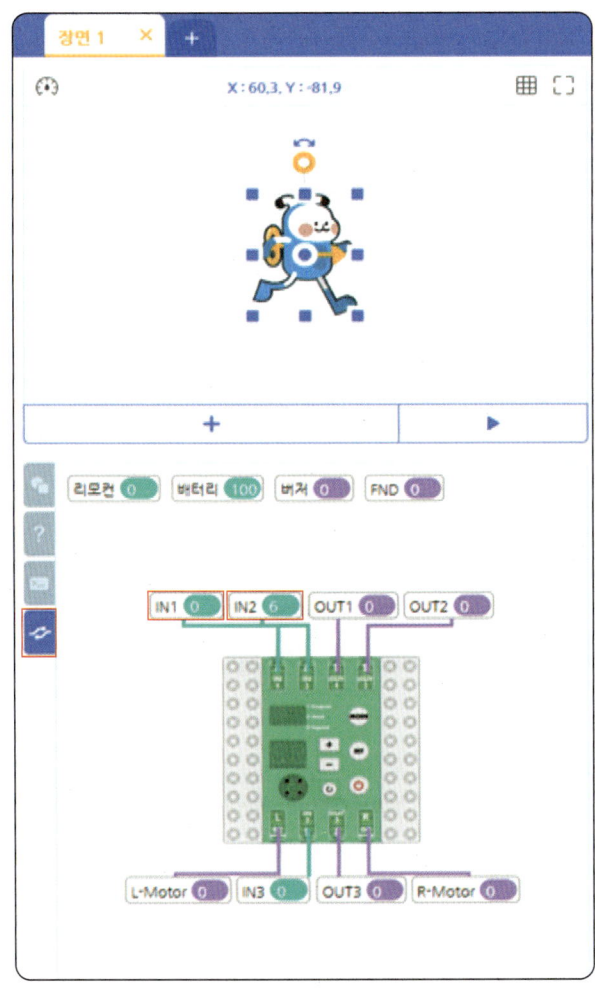

01 컨트롤러의 전원을 켭니다.

02 오브젝트 목록에서 를 선택합니다.

03 손과의 거리에 따라 IN1 0 에서 적외선 센서 값을 확인합니다.

04 손뼉을 칠 때 IN2 6 에서 소리 값을 확인합니다.

05 적외선 센서 값과 소리 값을 확인한 뒤, 블록을 조정합니다.

네오봇

나를 사랑한 반려로봇 평가하기			
	매우 그렇다	그렇다	보통이다
반려 로봇이 나를 잘 따라오나요?			
반려 로봇이 나를 따라오며 소리를 잘 내나요?			
반려 로봇의 모양이 안정감있게 만들어졌나요?			

도전하기

 반려 로봇이 손을 따라오며 강아지 짖는 소리를 내도록 만들어 보세요.

TIP 아래 블록을 사용해 보세요.

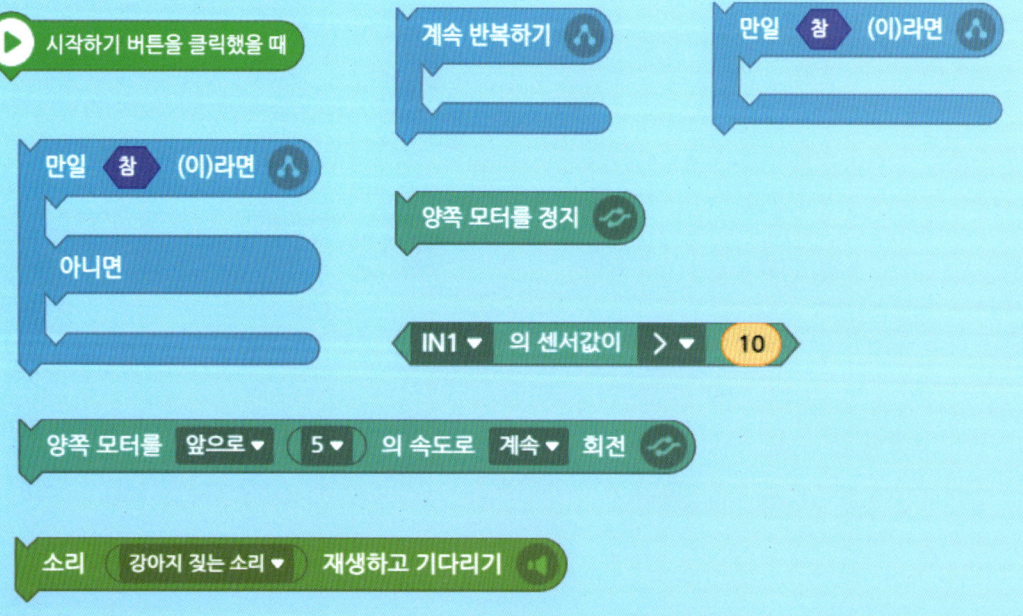

질문하기

Q1 반려 로봇이 따라오며 강아지가 짖는 소리를 내도록 하려면 어떻게 해야 할까요?

> 소리 를 클릭한 뒤, '소리 추가하기'를 눌러 엔트리에서 제공하는 다양한 소리를 선택할 수 있습니다. 또한 소리 블록을 다른 블록들과 연결하여 활용할 수 있습니다.

읽을거리

'반려 로봇'을 아시나요?

요즘 우리 생활 곳곳에서 로봇을 쉽게 찾아볼 수 있습니다. 인공지능 스피커, 청소기 등 사람이 안락한 삶을 살 수 있도록 도움을 주는 로봇들인데요. 대부분 인간의 노동을 대신하는 로봇들로 사람과 교감하는 것과는 거리가 있습니다.

그런데 최근에는 사람과 교감하는 로봇들이 개발되고 있습니다. 인간을 노동으로부터 해방시켜 주는 역할에 더해 삶을 함께하는 동반자로 반려 로봇들이 개발되고 있습니다. 이러한 로봇들은 사람에게 정서적인 안정감을 주고 스트레스를 줄여주며 심리 치료에도 사용되고 있습니다. 특히 1인 가구이면서 생활이 바빠 반려동물을 키우기 어려운 사람에게는 더욱 좋은 친구가 될 것 같습니다. 이 밖에도 반려 로봇은 요양 시설에서 환자들의 친구가 되어주기도 하고, 내장된 카메라를 통해 자폐아의 행동을 관찰하거나 눈맞춤을 통해 반응을 유도하는 역할도 합니다.

과학 기술은 이제 인간의 삶을 편리하게 해주는 것을 넘어서 인간과 교감하는 로봇 개발로 진화하고 있습니다.

— YTN, 2017년 5월 25일,

https://science.ytn.co.kr/program/program_view.php?s_mcd=0082&s_hcd&key=201705251114216544

생각하기

Q1 여러분이 반려 로봇을 개발한다면 어떤 기능을 추가하고 싶은가요? 나만의 반려 로봇에 추가하고 싶은 기능을 구체적으로 생각해 볼까요?

6 운전을 부탁해!

사람이 조작하지 않고 스스로 운전하는 자동차를 생각해 본 적이 있나요? 자율주행을 할 수 있는 자동차를 만들기 위해 세계 여러 나라의 자동차 회사들이 열심히 연구를 하고 있답니다. 우

무엇을 배울까?

1. 장애물을 피해 움직이는 운전 로봇을 조립해 봅시다.
2. 엔트리로 운전 로봇이 장애물을 피하도록 코딩해 봅시다.
3. 운전 로봇에 명령어를 추가하여 더 멋지게 완성해 봅시다.

	주요 부품
1	스마트 컨트롤러
2	적외선 센서
3	(심화) 빛 센서

여기에 적외선 센서가 있어 적외선 빛을 발산하고 반사되어 들어오는 적외선 빛의 양을 감지합니다. 컨트롤러 양쪽에 부착합니다.

Coding School

리도 네오봇을 이용하여 스스로 장애물을 피하여 길을 찾아가는 자동차를 만들어보면 어떨까요? 내 손으로 만드는 자율주행 자동차! 생각만 해도 신나지 않나요?

Q1 적외선 센서를 2개 사용하는 이유가 있나요?
물체를 감지했을 때 운전 로봇이 방향을 왼쪽과 오른쪽으로 바꾸도록 만들기 위해 양쪽에 1개씩 적외선 센서를 사용하여 운전 로봇을 만듭니다.

Q2 실제 장애물을 만들어서 작동시킬 수 있나요?
센서의 감지폭이 넓지 않아 운전 로봇의 이동폭이 좁습니다. 하지만 코딩을 통해 회전 반경을 조정할 수 있습니다.

이 노란색 LED로 밝기를 조절 할 수 있습니다. OUT 포트에 연결하여 사용합니다.

네오봇

운전 로봇을 조립해요

01 사진에 있는 부품을 준비합니다.

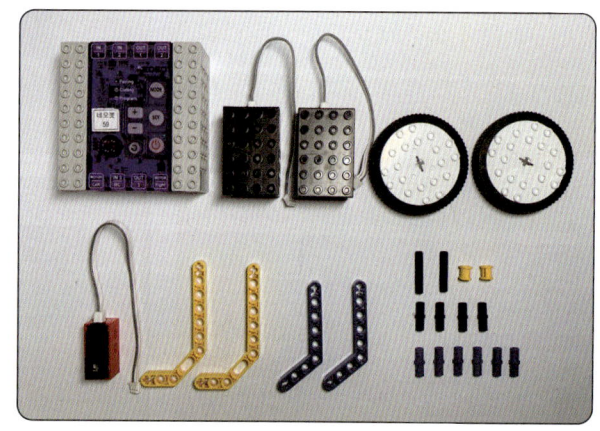

02 모터 블록을 스마트 컨트롤러의 양쪽 아래에 조립하고 왼쪽 모터선을 `MOTOR Left` 에, 오른쪽 모터선을 `MOTOR Right` 에 연결합니다.

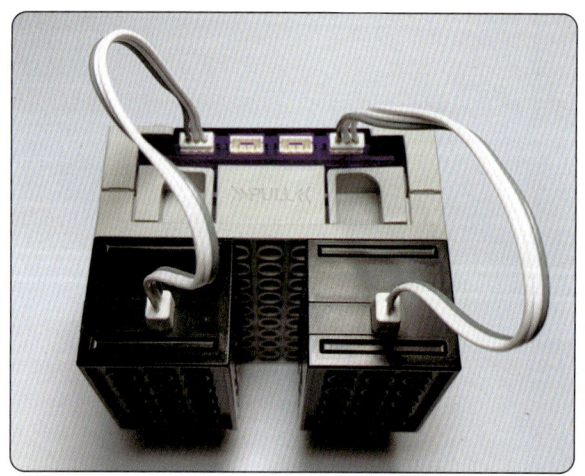

03 작은 휠을 타이어에 끼운 뒤, 파란색 굽은 블록과 연결합니다. 그 다음, 홀 블록 2개를 양쪽에 연결합니다.

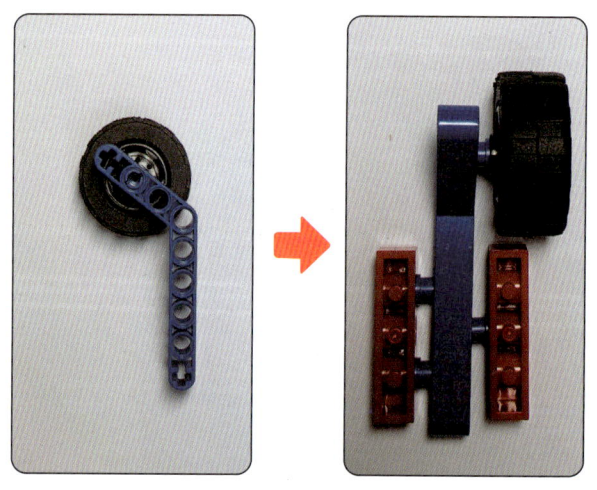

04 녹색 블록 2개를 다음과 같이 컨트롤러 아래에 연결합니다.

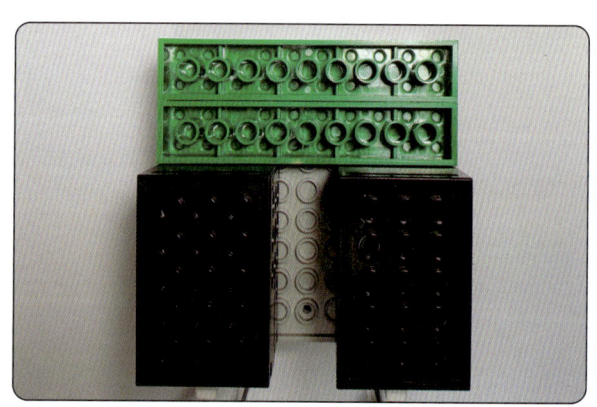

05 3번에서 조립한 앞바퀴를 녹색 블록 아래에 연결합니다.

06 녹색 블록 양 끝에 다음과 같이 흰색 블록을 연결합니다.

07 적외선 센서를 다음과 같이 노란색 굽은 블록과 연결합니다. 그리고 왼쪽에 결합한 적외선 센서는 컨트롤러 IN 1에 연결하고 오른쪽에 결합한 적외선 센서는 컨트롤러 IN 2에 연결합니다.

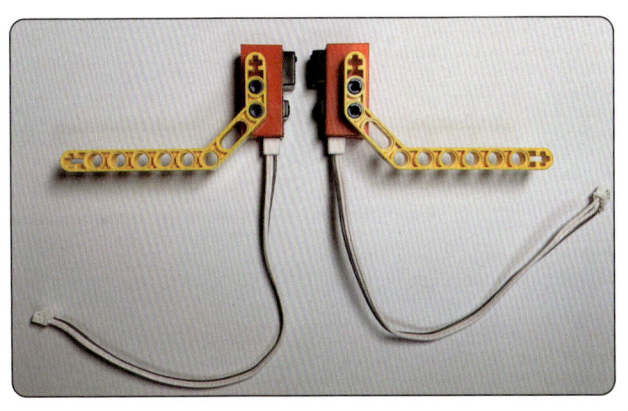

08 7번에서 조립한 블록을 컨트롤러 양쪽에 한 개씩 연결합니다.

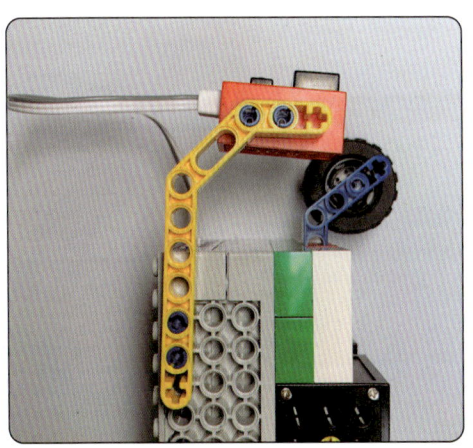

네오봇

09 왼쪽 적외선 센서는 컨트롤러 IN 1에 연결하고, 오른쪽 적외선 센서는 IN 2에 연결합니다. 그 다음 LED 블록은 컨트롤러 위에 다음과 같이 끼운 뒤, 컨트롤러 OUT 3에 연결합니다.

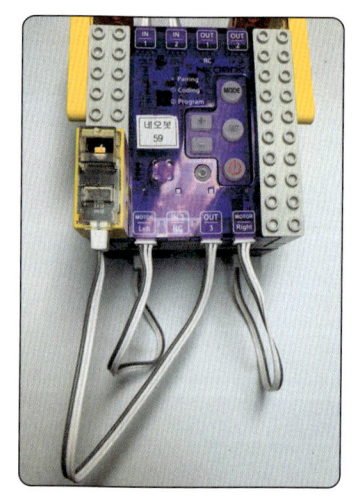

10 축(대)의 가운데에 축 고정핀을 끼운 뒤, 모터 블럭에 연결합니다. 그리고 큰 타이어(휠)와 축을 연결합니다.

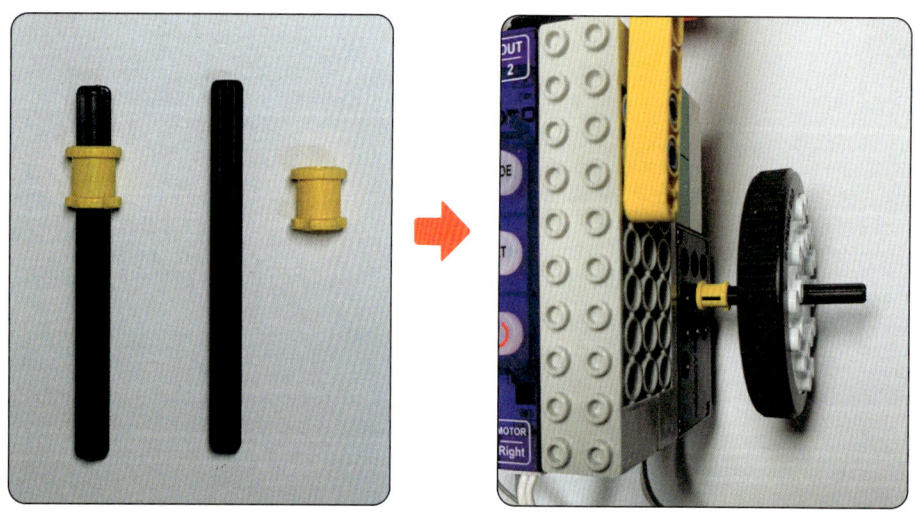

11 운전 로봇이 완성되었습니다. 원하는 부품을 사용하여 자유롭게 운전 로봇을 꾸며 보세요.

생각하기

Q1 다른 부품을 이용해서 운전 로봇을 꾸며볼 수 있을까요?

운전 로봇을 코딩해요

운전 로봇 코딩 준비하기

01 시작, 흐름, 하드웨어 탭을 선택해 다음과 같은 블록을 블록 조립소로 가져옵니다.

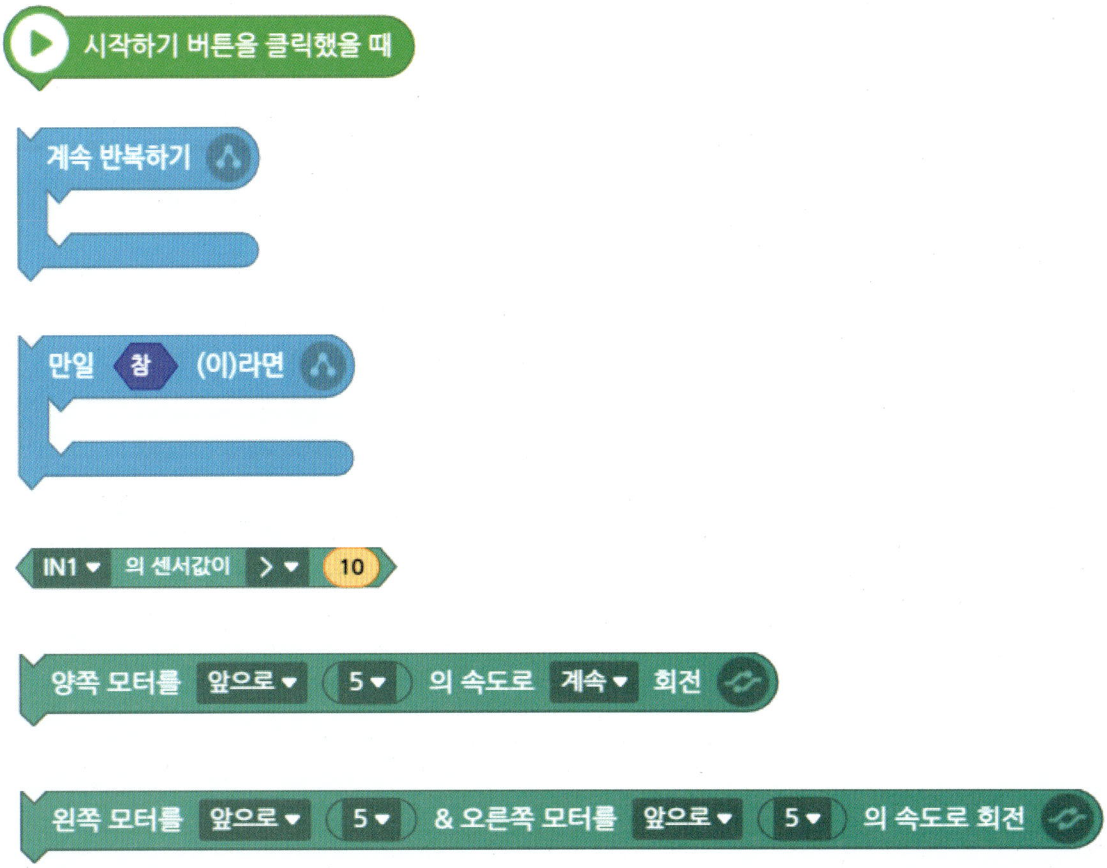
시작하기 버튼을 클릭했을 때
계속 반복하기
만일 참 (이)라면
IN1 의 센서값이 > 10
양쪽 모터를 앞으로 5 의 속도로 계속 회전
왼쪽 모터를 앞으로 5 & 오른쪽 모터를 앞으로 5 의 속도로 회전

생각하기

Q1 위 블록을 이용해 장애물을 피하는 운전 로봇을 코딩할 수 있나요?

Q2 센서 값은 어떻게 조정할 수 있는지 앞에서 살펴보았습니다. 적정한 적외선 센서 값을 찾을 수 있나요?

네오봇

운전 로봇 코딩하기

01 운전 로봇이 손을 따라올 수 있도록 블록을 조립합니다. 이때, 센서 위치에 따른 바퀴 회전 방향과 속도를 조정합니다.

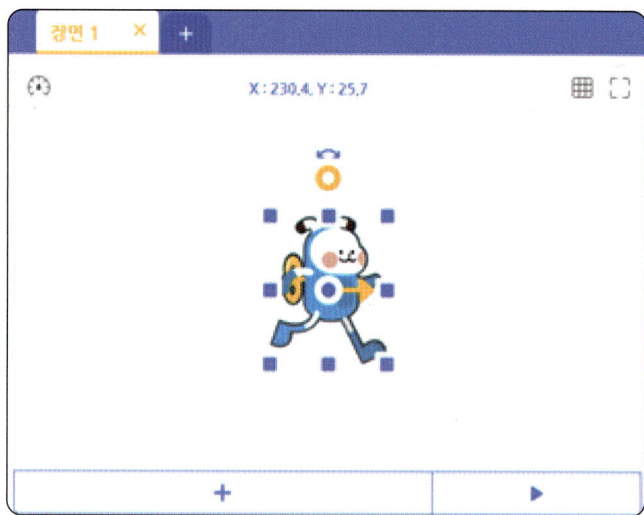

운전 로봇 움직이기

01 엔트리 작품의 플레이 버튼(▶)을 눌러 프로젝트를 실행시킵니다.

02 오브젝트 목록에서 🔧를 선택하여 센서 값을 조정합니다.

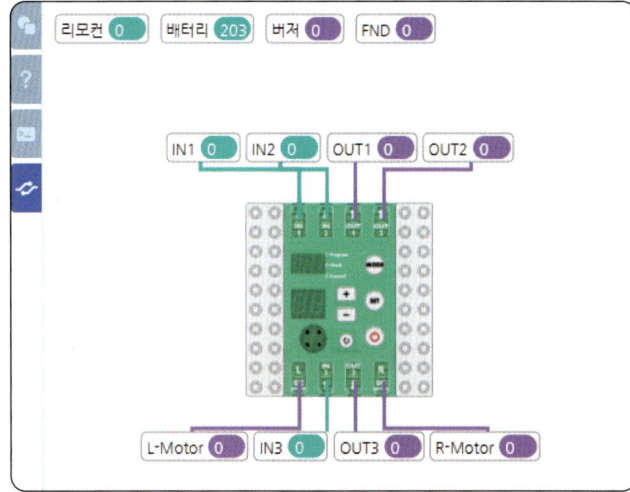

03 적외선 센서에 손을 대고 운전 로봇을 움직여 봅시다.

04 생각한 대로 작동하지 않는다면 엔트리 블록을 살펴보고 수정해 봅시다.

생각하기

Q1 센서와 연결포트가 잘 연결되어 있나요?

Q2 블록의 연결포트와 센서 값이 알맞게 코딩되었나요?

운전 로봇 평가하기			
	매우 그렇다	그렇다	보통이다
운전 로봇이 나의 손을 피해 잘 이동하나요?			
운전 로봇의 모양이 안정감있게 만들어졌나요?			

네오봇

도전하기

Mission 01 운전 로봇의 양쪽 적외선 센서에 손을 동시에 대면 움직임을 멈추고 LED에 불이 들어오도록 만들어 보세요.

TIP 아래 블록을 사용해 보세요.

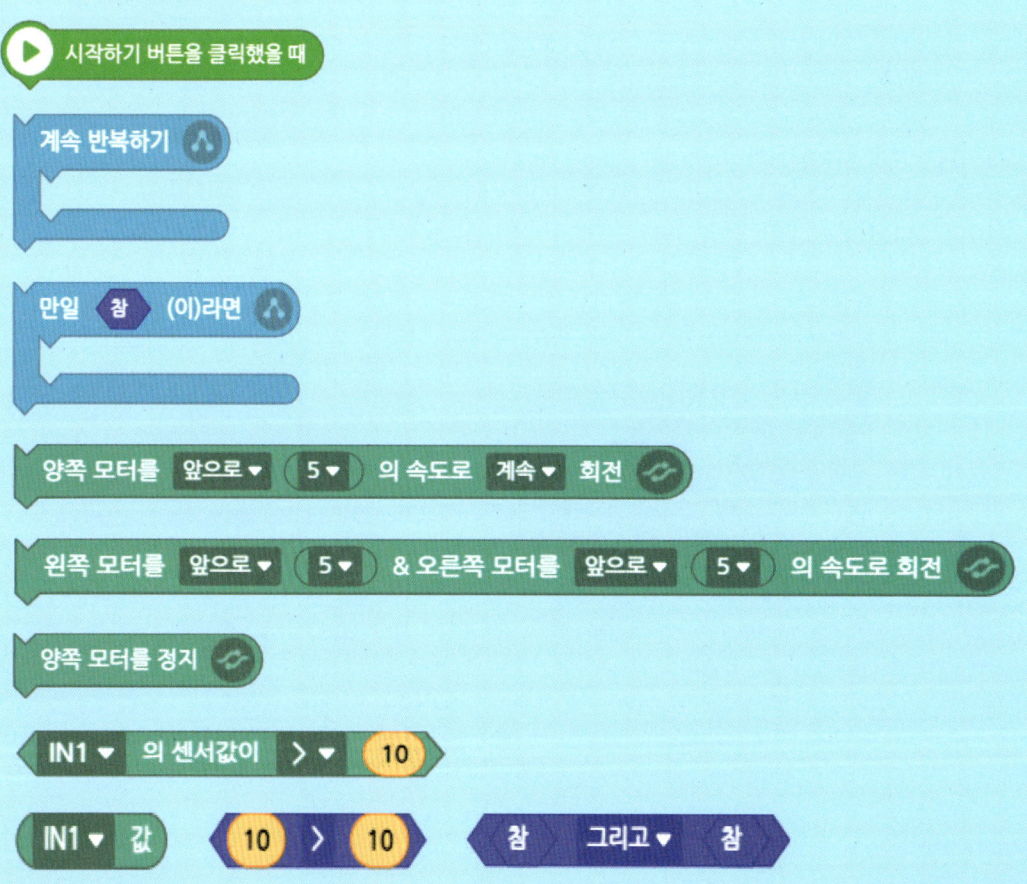

질문하기

Q1 운전 로봇의 적외선 센서에 동시에 손을 대면 멈추도록 하려면 어떻게 해야 할까요?

왼쪽(IN 1)센서 값 그리고 오른쪽(IN 2)센서 값이 1보다 크면 양쪽 모터를 정지하도록 코딩해야 합니다. 엔트리의 판단 블록이 어디에 들어가야 할지 생각해 봅시다.

읽을거리

자율주행 자동차 어디까지 왔을까?

자율주행 자동차를 만날 수 있는 시대가 성큼 다가왔습니다. 이미 우리 주변에는 낮은 단계의 자율주행 자동차가 등장하였고, 도로 위를 달리고 있습니다. 하지만 아직은 운전자가 완전히 필요 없는 자율주행 자동차를 도로 위에서 만날 수는 없습니다.

그렇다면 언제쯤 운전자가 필요 없는 자율주행 자동차를 도로 위에서 쉽게 볼 수 있게 될까요?

지금 세계 여러 나라에서는 경쟁적으로 자율주행 자동차를 개발하기 위해 노력하고 있습니다.

글로벌 자동차 기업뿐 아니라 구글과 애플과 같은 IT 기업까지 자율주행 자동차 개발에 뛰어들면서 시장의 주도권을 잡기 위한 경쟁이 치열해지고 있습니다. 세계 자율주행차 시장 규모는 2030년이 되면 870억 달러, 우리 돈으로 95조 원에 이를 전망이라고 합니다. 이렇듯 상상으로만 존재했던 자율주행 기술이 점점 우리의 일상 속으로 들어오고 있습니다.

— YTN 사이언스, 2015년 5월 11일,
— https://science.ytn.co.kr/program/program_view.php?s_mcd=0082&s_hcd&key=201505111554423041

생각하기

Q1 여러분이 자율주행 자동차를 개발한다면 어떤 기능을 추가하고 싶은가요? 자율주행 자동차에 추가하고 싶은 기능을 구체적으로 생각해 볼까요?

7

짝짝! 짝짝짝!

사람의 목소리를 듣고 대화를 하고 정보를 제공하는 다양한 인공지능 로봇이 등장하고 있습니다. 네오봇을 이용하여 박수 소리에 따라 반응하는 운동 로봇을 만들어 보려고 합니다. 버튼이 아

무엇을 배울까?

1. 소리를 듣고 움직이는 운동 로봇을 조립해 봅시다.
2. 엔트리로 운동 로봇이 소리를 감지할 때마다 각기 다른 움직임을 하도록 명령어를 코딩해 봅시다.
3. 운동 로봇에 명령어를 추가하여 더 멋지게 완성해 봅시다.

	주요 부품
1	스마트 컨트롤러
2	모터 블록 1개
3	소리 센서
4	빛 센서
5	기어(대)

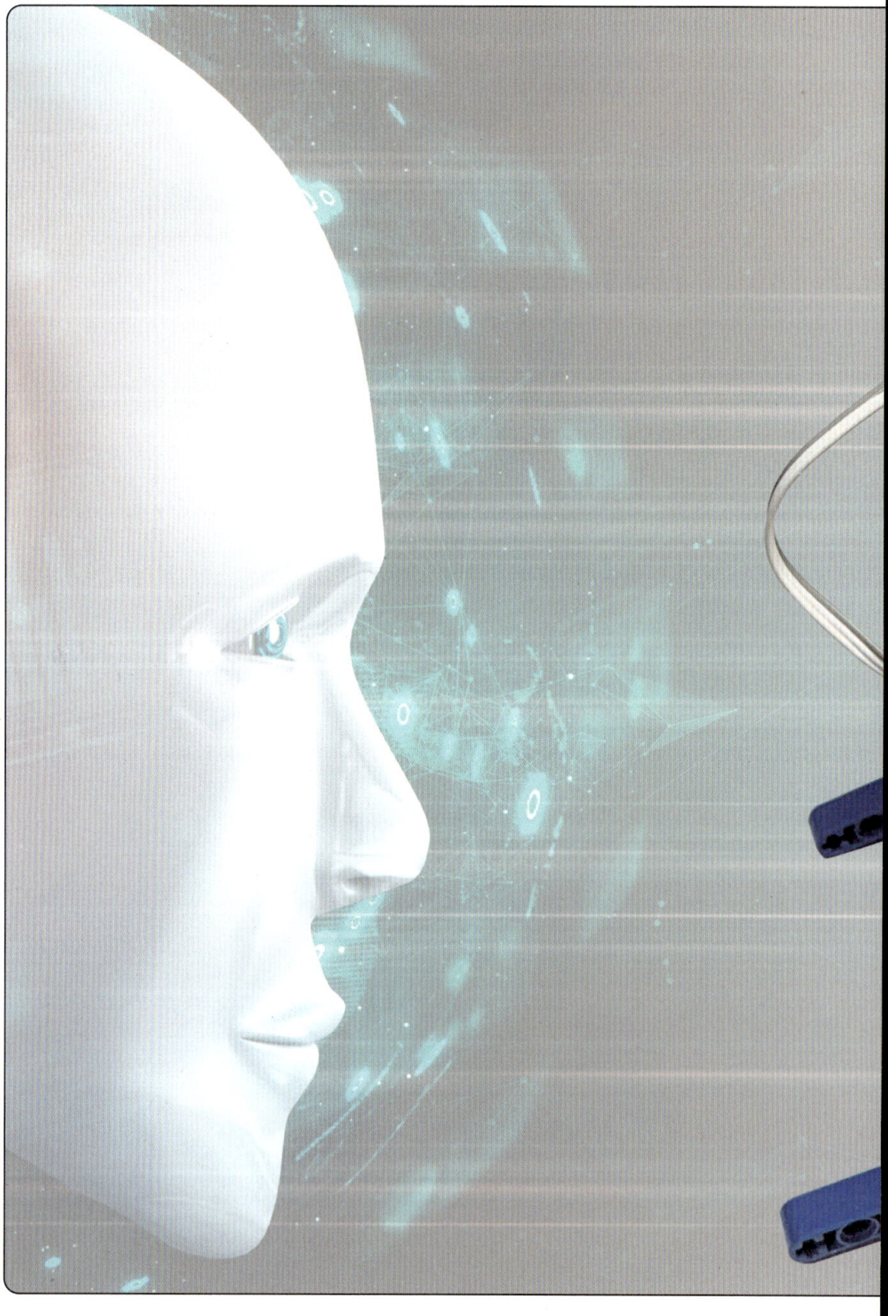

Coding School

닌 소리만을 통해 동작하는 로봇을 직접 만들어 봅시다! 단, 소리가 들릴 때마다 같은 동작을 반복하는게 아니라 다른 움직임을 보이는 운동 로봇을 만들어 보겠습니다. 소리만으로 어떤 동작들을 표현할 수 있을지 기대되지 않나요?

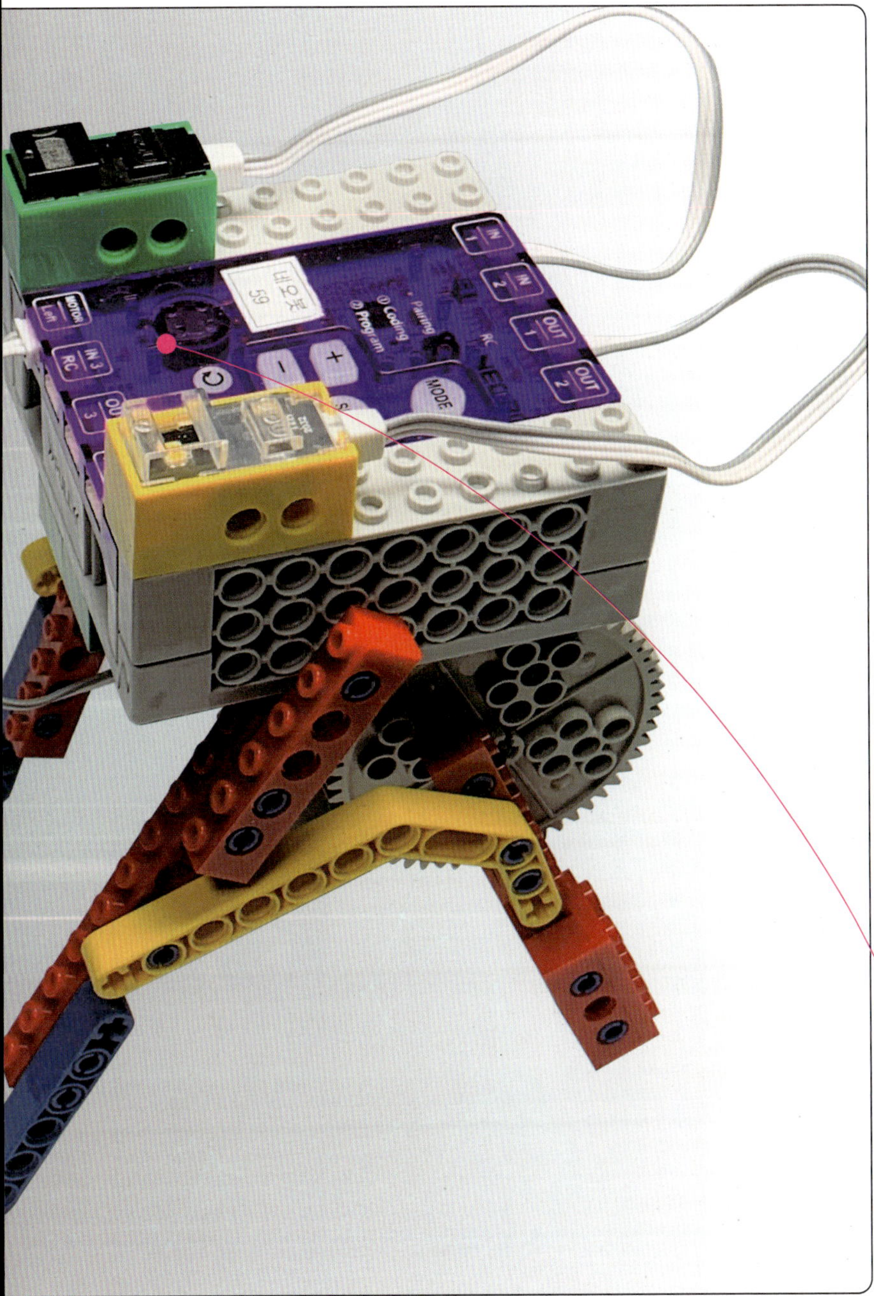

Q1 모터를 1개 사용하는 이유가 있나요?
2개의 모터를 사용하여 움직이도록 할 경우 외부의 힘에 의해 모터의 회전량에 변화가 생겨 정해 놓은 동작을 제대로 하지 못하는 경우가 생깁니다. 회전량을 동일하게 하기 위해서는 1개의 모터를 사용합니다.

Q2 모터의 회전 속도는 어떻게 해야 하나요?
바퀴로 움직이는 로봇이 아니기 때문에 모터의 회전 속도가 너무 빠를 경우 동작을 제대로 수행할 수 없습니다. 속도는 6 정도에 맞추는 것이 좋습니다.

소리 센서는 소리 및 충격을 감지하는 센서로 충격, 바람, 박수 등 큰 소리를 감지합니다. 스마트 컨트롤러의 IN 2 포트에 연결합니다.

네오봇

운동 로봇을 조립해요

01 사진에 있는 부품을 준비합니다.

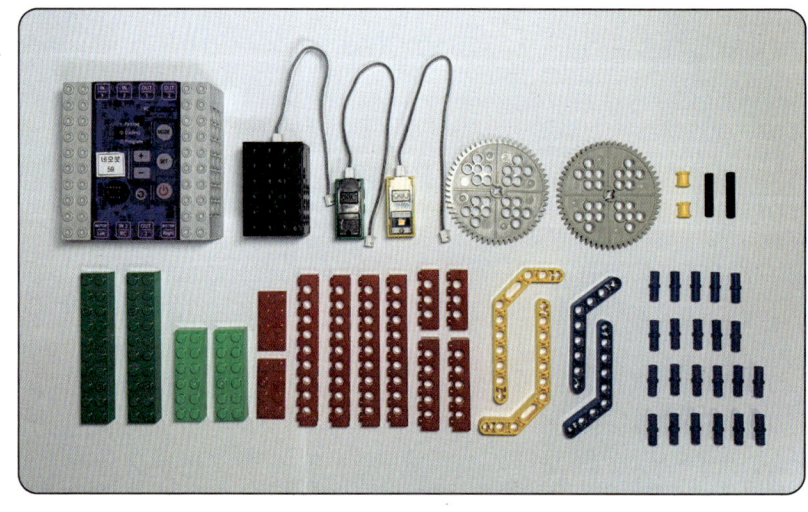

02 스마트 컨트롤러 아래에 긴 녹색 블록 2개와 작은 녹색 블록 2개를 다음과 같이 연결합니다.

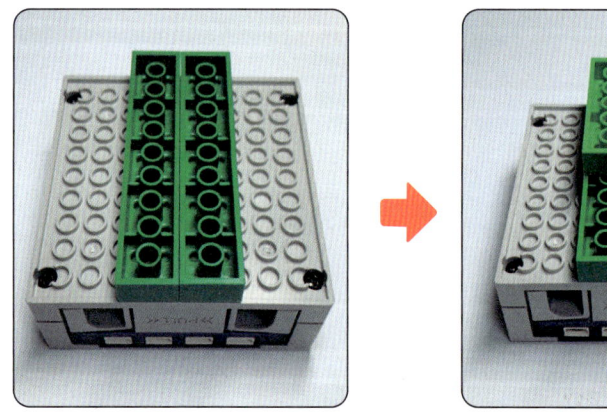

03 모터 블록에 기어(대)를 다음과 같이 조립하고, 작은 녹색 블록 아래에 연결합니다. 모터 블록을 [MOTOR Left] 또는 [MOTOR Right]에 연결합니다.

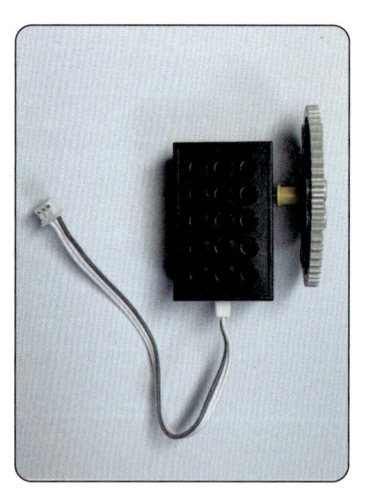 

04 빨간색의 홀 블록(대)와 홀 블록(소)를 나란히 결합한 뒤, 그 위에 납작한 블록을 끼웁니다.

05 다음과 같이 기어에 고정핀을 꽂아 4번에서 조립한 빨간색 블록을 연결합니다.

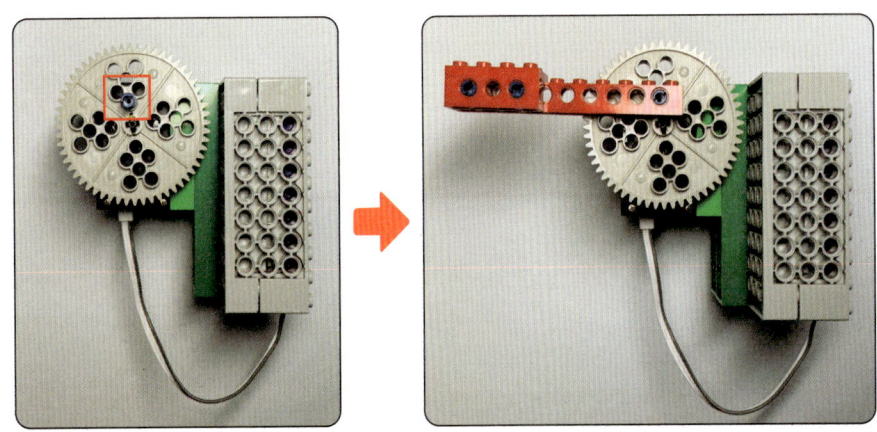

06 빨간색 홀 블록(대)와 홀 블록(중)을 연결한 뒤, 파란색 굽은 블록을 연결합니다. 다음과 같이 2개를 만듭니다.

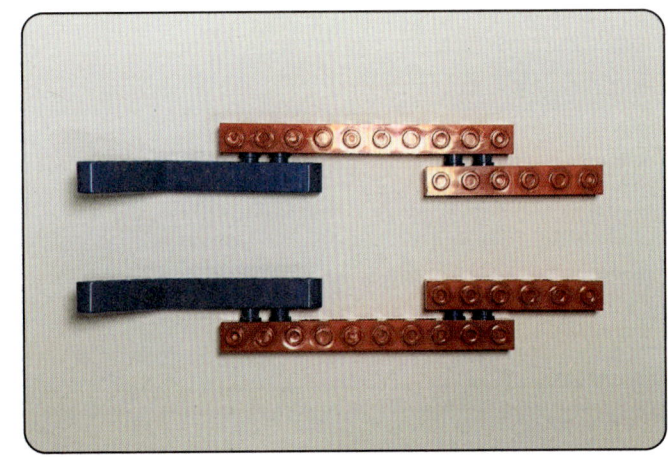

07 다음과 같이 컨트롤러 양옆에 고정핀을 꽂아 6번에서 조립한 블록을 연결합니다.

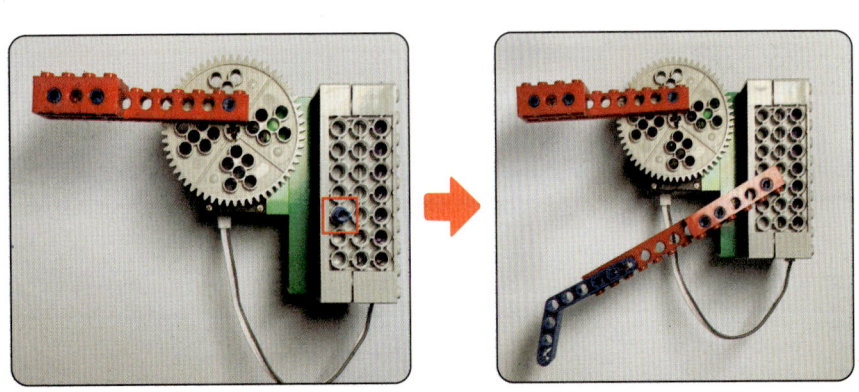

네오봇

08 기어와 컨트롤러에 조립한 2개의 다리 블록을 노란색 굽은 블록으로 연결합니다. 이때, 기어 다리에는 고정핀 2개, 컨트롤러 다리에는 고정핀 1개를 꽂아 연결합니다.

09 완성된 다리 블록을 확인합니다.

10 반대쪽도 8번에서 설명한 방법대로 다리 블록들을 연결합니다.

11 컨트롤러 IN 1에 소리 센서를 연결하고 OUT 1에 LED 블록을 연결합니다.

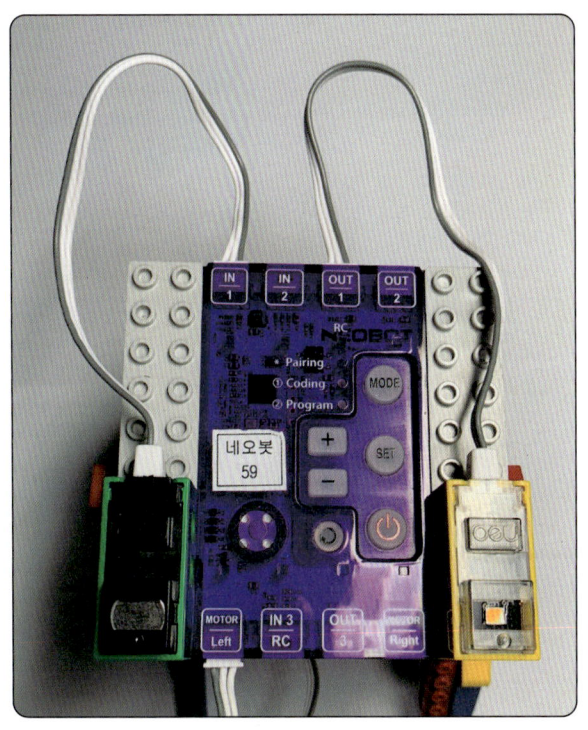

12 운동 로봇이 완성되었습니다. 원하는 부품을 사용하여 자유롭게 운동 로봇을 꾸며 보세요.

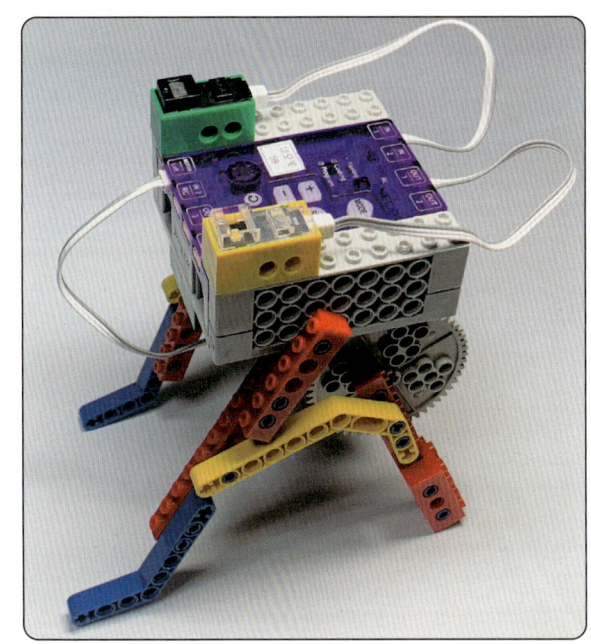

생각하기

Q1 다른 부품을 이용해서 운동 로봇을 더 꾸며볼 수 있을까요?

네오봇

운동 로봇을 코딩해요

운동 로봇 코딩 준비하기

01 , , , , , 탭을 선택해 다음과 같은 블록을 블록 조립소로 가져옵니다.

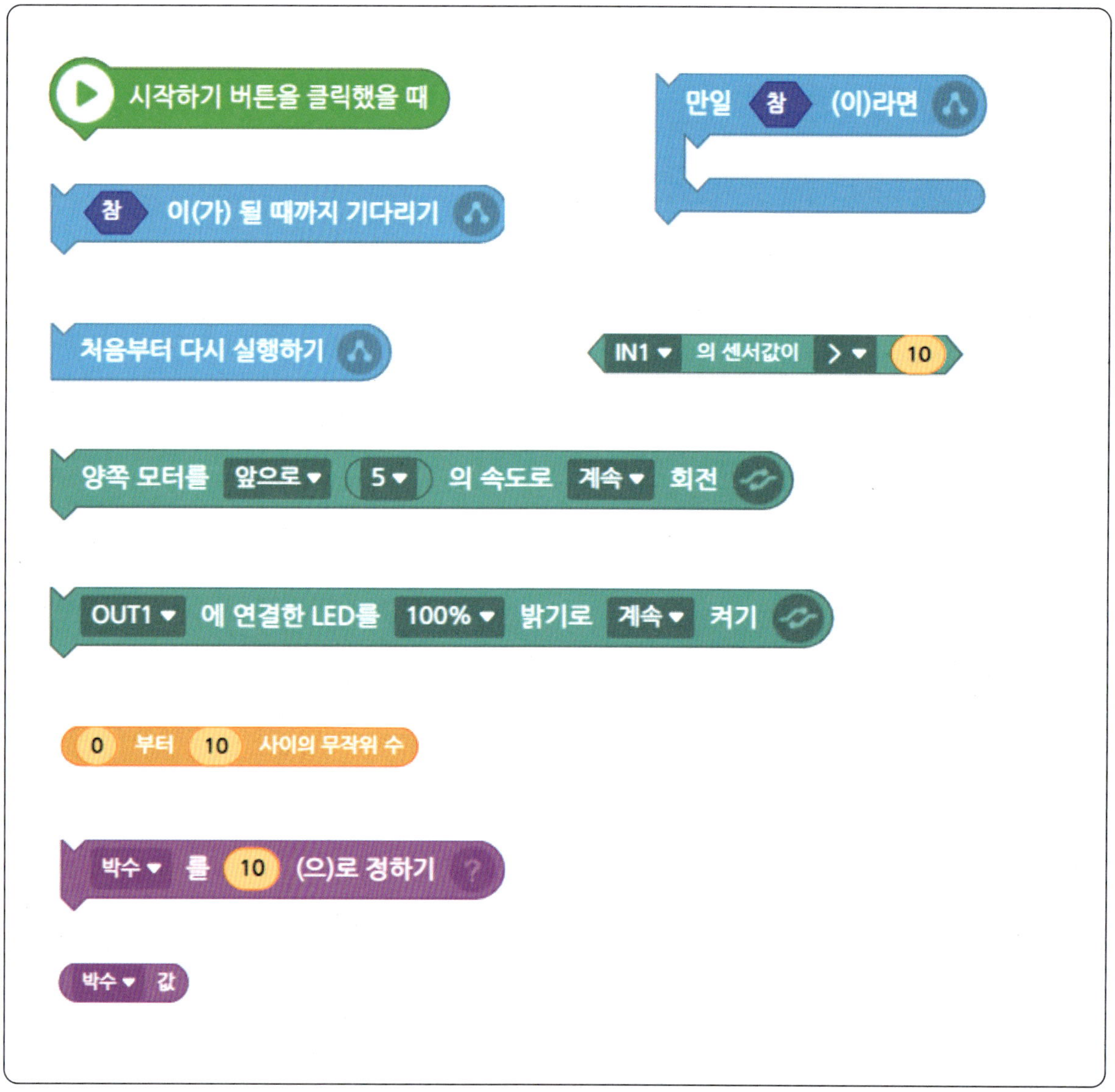

- 시작하기 버튼을 클릭했을 때
- 만일 참 (이)라면
- 참 이(가) 될 때까지 기다리기
- 처음부터 다시 실행하기
- IN1 의 센서값이 > 10
- 양쪽 모터를 앞으로 5 의 속도로 계속 회전
- OUT1 에 연결한 LED를 100% 밝기로 계속 켜기
- 0 부터 10 사이의 무작위 수
- 박수 를 10 (으)로 정하기
- 박수 값

 **TIP**

탭에 원하는 블록이 없다면 어떻게 해야 할까요? 75쪽을 참고하세요!

변수 만들기

01 자료 탭을 선택한 뒤, '변수 만들기'를 클릭합니다. 그리고 '변수'를 선택합니다.

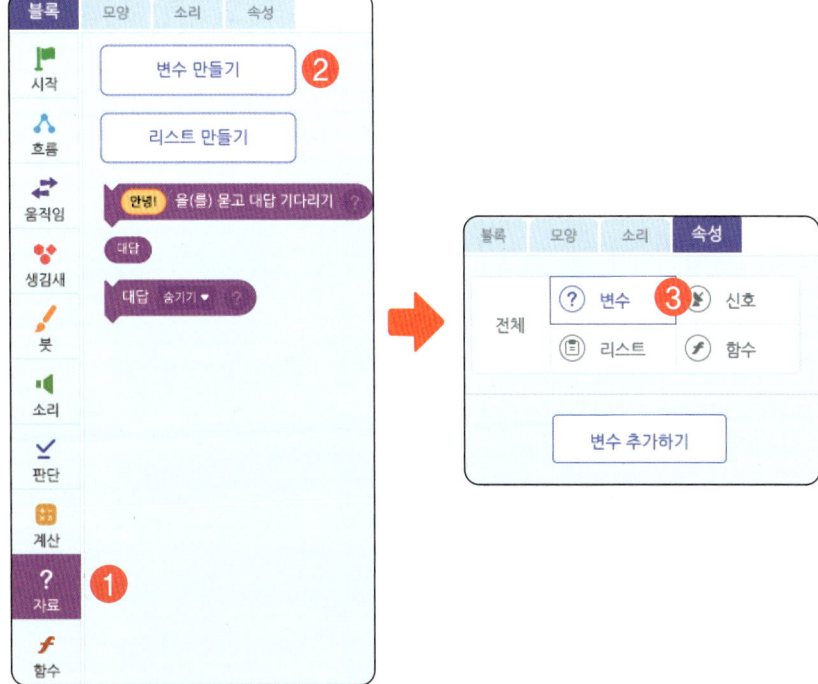

02 변수 이름을 '박수'로 입력한 뒤, 확인을 클릭합니다. 그러면 오른쪽 그림과 같이 블록이 추가됩니다.

네오봇

운동 로봇 코딩하기

01 박수 소리로 운동 로봇이 움직일 수 있도록 블록을 조립합니다. 이때, 센서 값 및 모터 속도, 시간을 알맞게 조정합니다.

```
시작하기 버튼을 클릭했을 때
IN1의 센서값이 > 50 이(가) 될 때까지 기다리기
박수를 1 부터 3 사이의 무작위 수 (으)로 정하기
만일 박수 값 = 1 (이)라면
    OUT1에 연결한 LED를 100% 밝기로 2초 켜기
만일 박수 값 = 2 (이)라면
    양쪽 모터를 앞으로 6 의 속도로 9초 회전
만일 박수 값 = 3 (이)라면
    양쪽 모터를 뒤로 6 의 속도로 9초 회전
처음부터 다시 실행하기
```

운동 로봇 움직이기

01 엔트리 작품의 플레이 버튼(▶)을 눌러 프로젝트를 실행시킵니다.

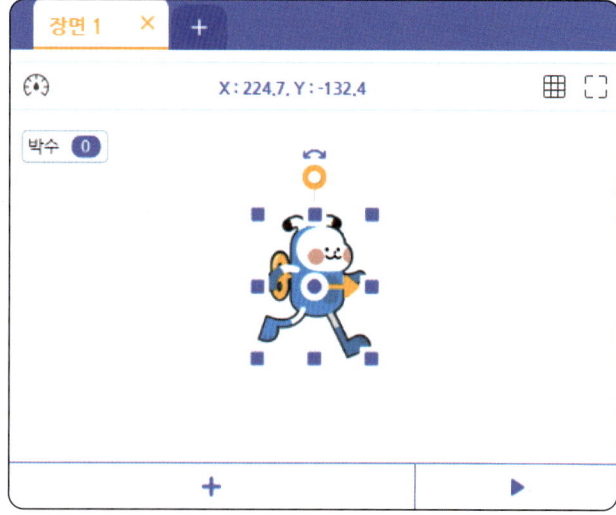

02 오브젝트 목록에서 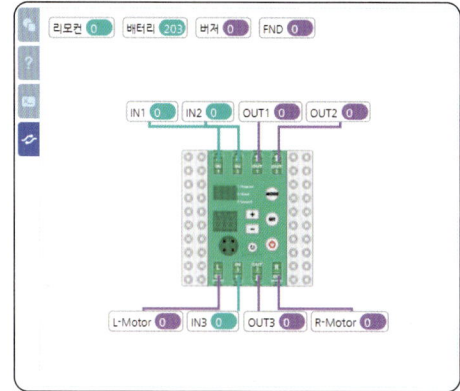를 선택하여 센서 값을 조정합니다.

03 소리 센서에 박수를 치며 운동 로봇을 움직여 봅시다.

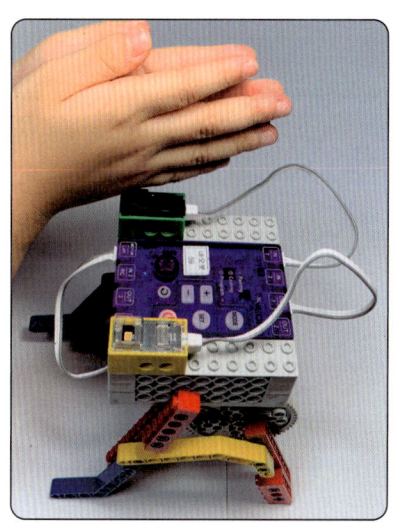

04 생각한 대로 작동하지 않는다면 엔트리 블록을 살펴보고 수정해 봅시다.

생각하기

Q1 센서와 연결포트가 잘 연결되어 있나요?

Q2 블록의 연결포트와 센서 값이 알맞게 코딩되었나요?

운동 로봇 평가하기

	매우 그렇다	그렇다	보통이다
운동 로봇이 나의 박수 소리에 맞춰 다양하게 움직이나요?			
운동 로봇의 움직임이 안정감이 있나요?			

도전하기

Mission 01 박수를 치면 운동 로봇이 음악을 연주하는 기능을 추가하여 만들어 보세요.

TIP 아래 블록을 사용해 보세요.

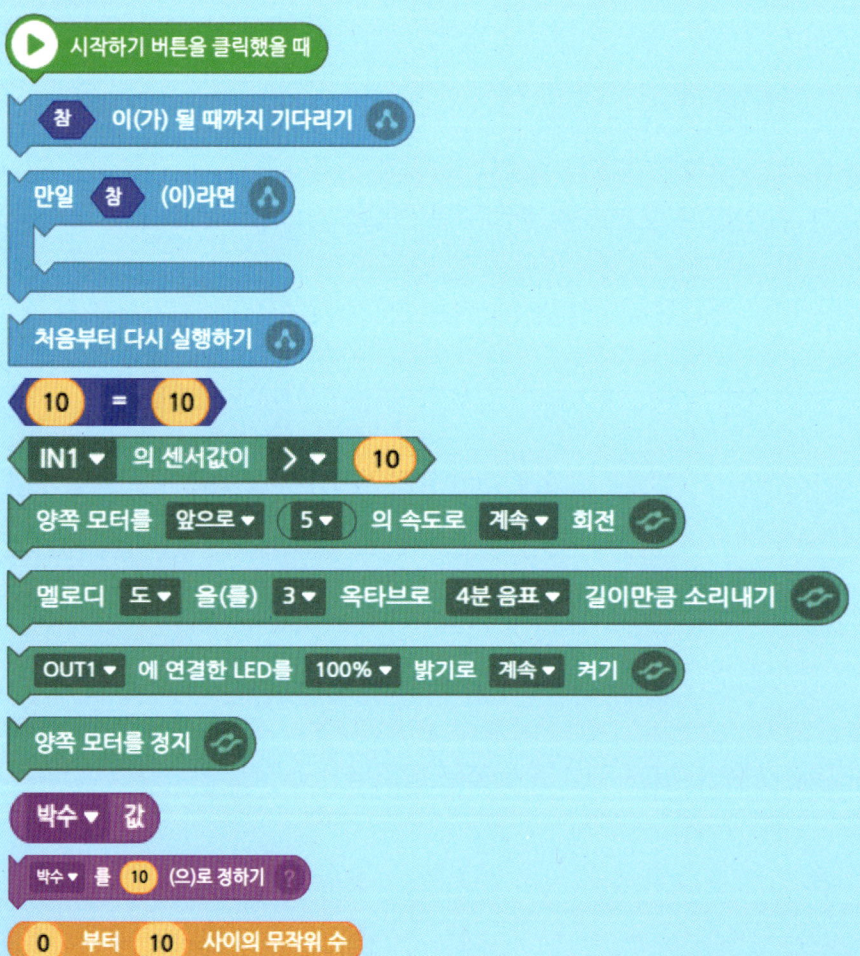

질문하기

Q1 운동 로봇이 소리 센서에 맞춰 연주하도록 하려면 어떻게 해야 할까요?

엔트리 하드웨어에서 멜로디 블록을 이용하면 음과 박자에 맞춰 다양한 음악을 연주할 수 있습니다. 그리고 같은 음이 반복될 때는 반복 블록을 활용하면 쉽게 음악을 완성할 수 있습니다. 이제 어떤 음악을 표현해 볼지 생각해 봅시다.

읽을거리

'생각한 대로' 로봇 과연 꿈일까?

사람의 목소리를 인식하고 행동하며 대화가 가능한 로봇! 여러분은 더 이상 상상 속의 일이라고 생각하지 않을 겁니다. 사실 현재는 이보다 더 발전한 '생각한 대로 움직이는 로봇'이 개발되고 있습니다. 사지가 마비되어 몸을 움직이기 어려운 사람의 뇌 신호를 받아 로봇 팔을 움직이고, 주먹 크기의 물체를 집어서 다른 곳으로 이동시키는 실험이 성공했습니다. 이와 같이 사람의 뇌에 전극을 심어 그 뇌파를 읽고 로봇을 움직이게 하는 뇌공학 기술은 몸을 움직이기 어려운 사람들에게 다른 사람의 도움 없이 자신이 하고 싶은 일을 할 수 있는 자유를 줄 수 있을 것입니다.

아직은 실험 단계로 더 많은 연구와 개발이 필요하지만, 사람의 목소리를 인식하고 행동하는 음성 인식 로봇을 넘어선 인류의 로봇 개발에는 끝이 없어 보입니다. 이제 머지않은 미래에 우리는 내 생각을 읽고 행동하는 로봇과 자연스럽게 생활하고 있을지도 모르겠습니다.

여러분도 인류의 로봇 개발에 대한 도전에 함께 하고 싶지 않나요?

— 엠빅뉴스, 2021년 1월 27일.
https://www.ytn.co.kr/_ln/0105_201412210003219772

생각하기

Q1 여러분이 말과 소리로 움직이는 로봇을 개발한다면 어떤 기능을 추가하고 싶으신가요? 어떤 기능을 만들고 싶은지 구체적으로 생각해 봅시다.

8
선을 따라 움직여요!

내가 해야 할 심부름을 대신 하는 로봇이 있다면 얼마나 좋을까요? 네오봇을 이용하여 정해진 길을 따라 이동하며 심부름을 하러 가는 로봇을 만들어 보도록 해요.

무엇을 배울까?

1. 선을 따라 움직이는 심부름 로봇을 조립해 봅시다.
2. 엔트리로 심부름 로봇이 선을 따라 이동하도록 명령어를 코딩해 봅시다.
3. 심부름 로봇에 명령어를 추가하여 나만의 심부름 로봇을 완성해 봅시다.

	주요 부품
1	스마트 컨트롤러
2	적외선 센서 2개
3	빛 센서
4	바퀴 2개
5	라인 트레이싱 도안

Coding School

스마트 컨트롤러를 통해 전원을 공급하고 내장된 프로그램을 활용할 수 있습니다.

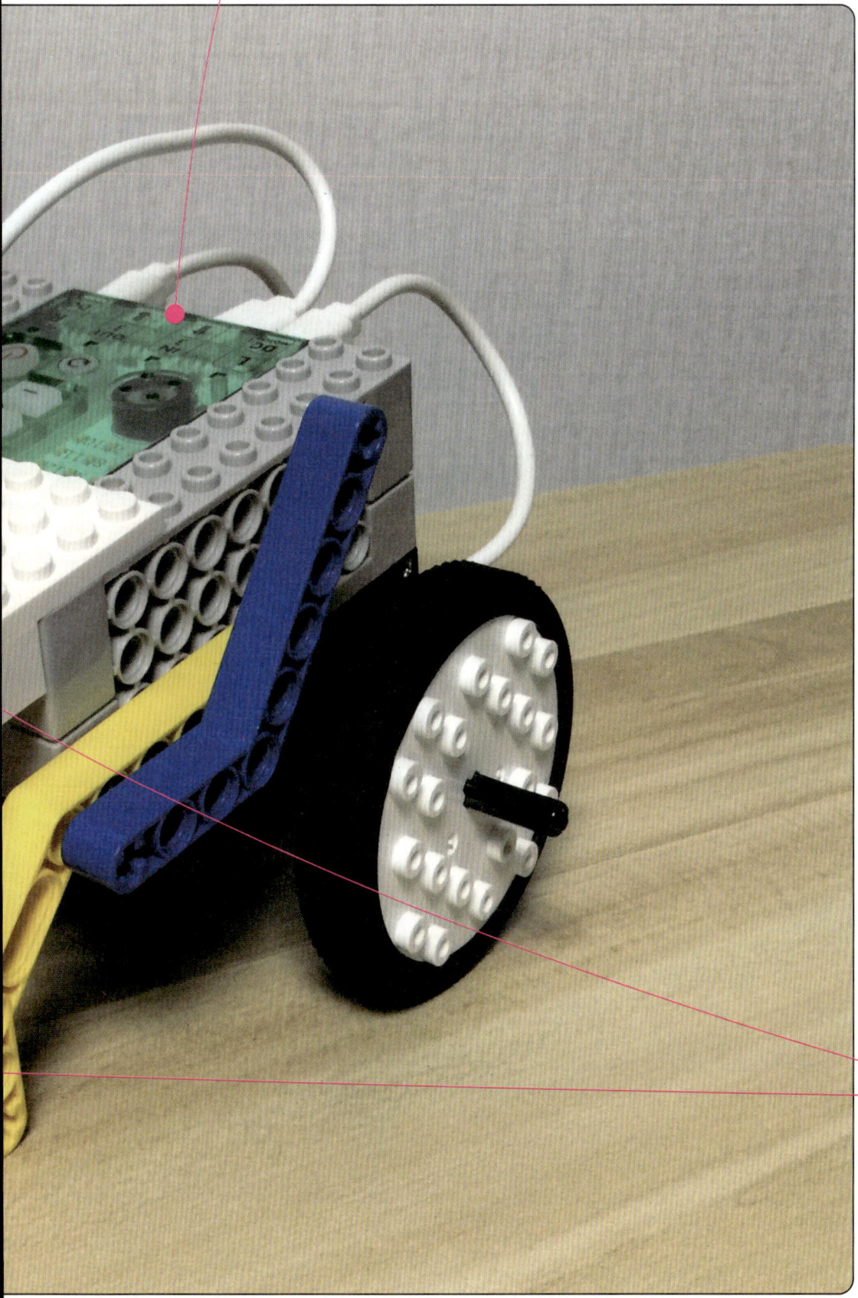

Q1 선을 잘 따라가지 못한다면 어떻게 해야 하나요?

적외선 센서 값을 조절해야 합니다. 실습하는 바닥의 환경에 따라 판단의 기준으로 삼는 센서 값이 다를 수 있으므로 적외선 센서 값을 계속해서 조정해 가며 적절한 값을 찾습니다.

Q2 선이 그려진 도안이 없는 경우는 어떻게 해야 하나요?

직접 선을 그려 실습해도 좋습니다. 단, 라인의 굵기를 2.5~3cm 정도로 두껍게 그려야 네오봇이 선을 따라 이동할 때 오류를 줄일 수 있습니다.

적외선 센서를 통해 바닥의 선을 감지하여 이동할 수 있습니다. 빛 센서를 통해 출발 또는 멈춤 동작을 제어할 수 있습니다.

네오봇

심부름 로봇을 조립해요

01 사진에 있는 부품을 준비합니다.

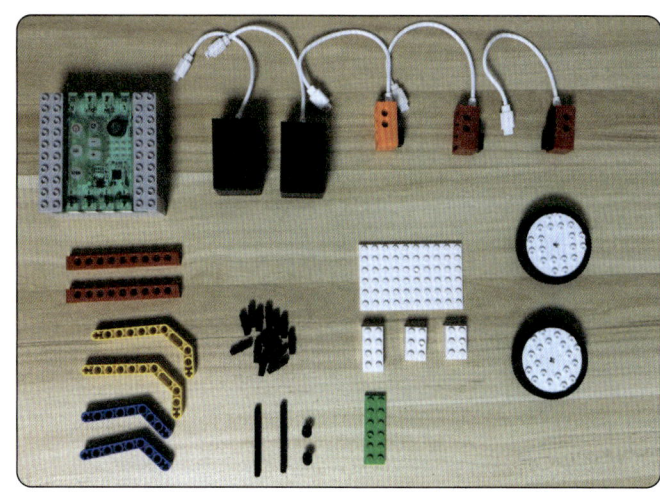

02 스마트 컨트롤러의 양옆에 고정핀을 각각 2개씩 꽂습니다.

03 모터 블록 2개를 다음과 같이 연결합니다. 이때, 모터 블록을 뒤집어서 꽂습니다.

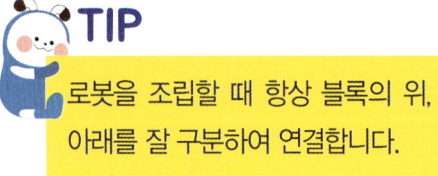

로봇을 조립할 때 항상 블록의 위, 아래를 잘 구분하여 연결합니다.

04 노란색 굽은 블록을 컨트롤러 양쪽에 있는 고정핀으로 연결합니다.

05 양쪽에 있는 굽은 블록의 가운데에 각각 2개의 고정핀을 꽂습니다.

06 긴 축 2개를 다음과 같이 모터 블록에 끼워 넣고, 축 고정핀을 끼워 축이 빠지지 않도록 합니다.

네오봇

07 왼쪽과 오른쪽 축에 타이어(휠)을 꽂습니다.

08 적외선 감지 센서에 고정핀을 다음과 같이 꽂습니다.

09 2개의 적외선 센서와 2개의 빨간색 블록을 다음과 같이 고정핀으로 연결합니다.

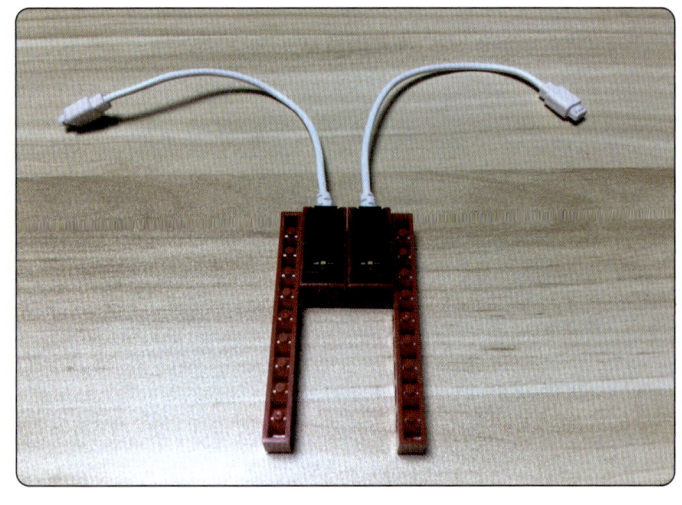

10 다음과 같이 컨트롤러 아래에 9번에서 조립한 빨간색 블록을 연결합니다.

11 다음과 같이 컨트롤러 아래에 흰색 블록을 연결합니다.

12 납작한 녹색 블록을 다음과 같이 연결하여 블록들을 고정합니다.

네오봇

13 모터 블록을 각각 DC L과 DC R에 연결합니다. 적외선 센서는 각각 IN 1과 IN 2에 연결합니다.

14 파란색 굽은 블록을 다음과 같이 노란색 굽은 블록과 엇갈리도록 연결합니다.

15 흰색 납작 블록 아래에 다음과 같이 작은 흰색 블록 2개를 연결합니다.

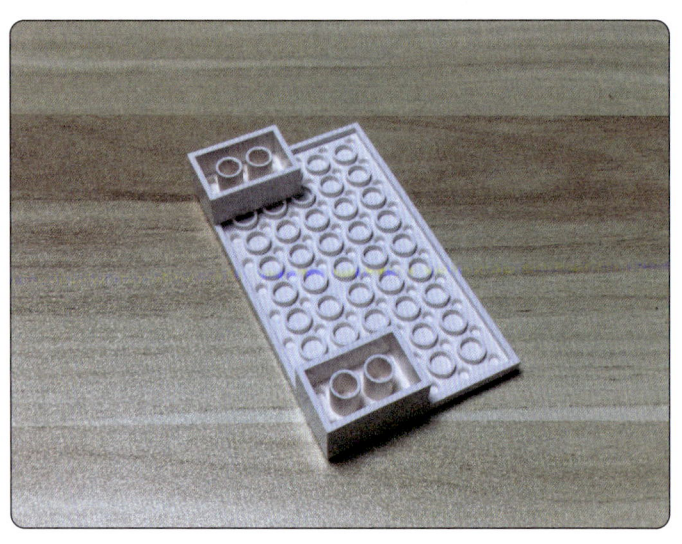

16 15번에서 조립한 블록을 컨트롤러에 연결합니다.

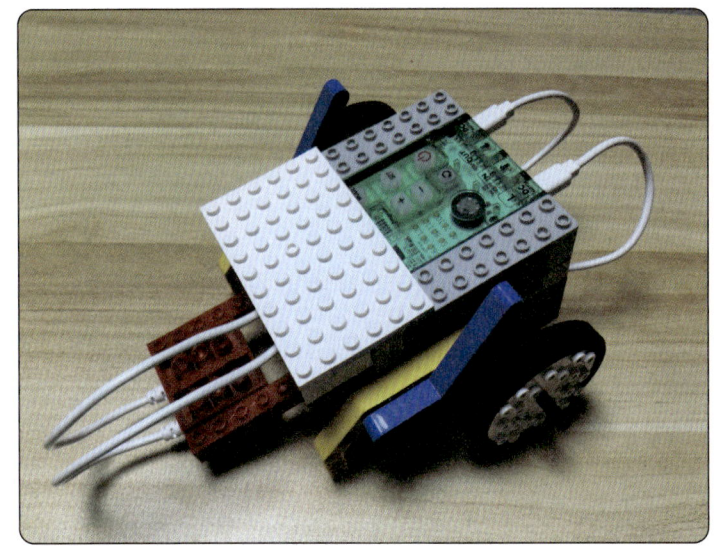

17 빛 센서를 다음과 같이 꽂은 뒤, IN 3에 연결합니다. 심부름 로봇이 완성되었습니다.

네오봇

심부름 로봇을 코딩해요

심부름 로봇 코딩 준비하기

01 센서 값을 계속 확인하기 위해 변수를 만듭니다. 센서가 3개이므로 각각의 값을 저장할 수 있는 변수도 3개를 만듭니다.

02 변수 이름을 각각 '적외선센서값(R)', '빛감지센서값', '적외선센서값(L)'으로 정합니다.

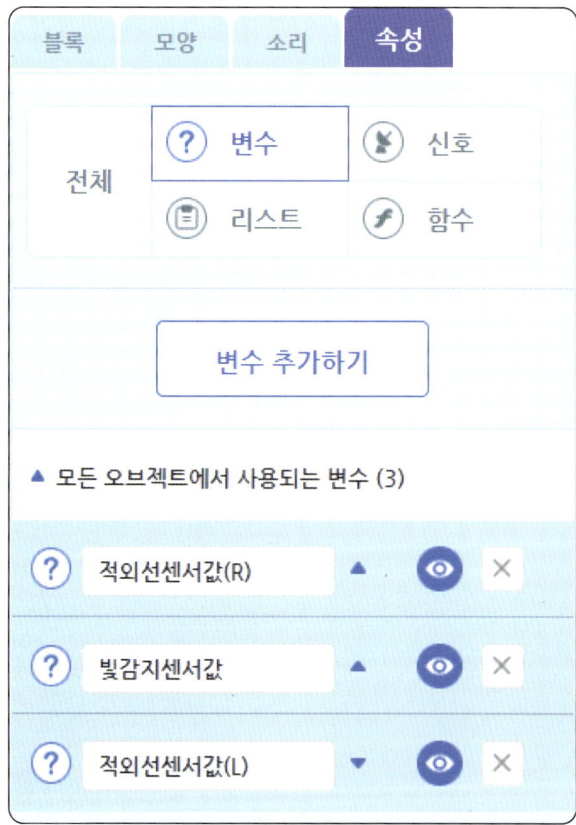

생각하기

Q1 위 블록을 이용해 센서값을 어떻게 실시간 확인할 수 있을까요?

Q2 왼쪽과 오른쪽에 있는 적외선 센서값을 활용해 로봇이 어떻게 선을 따라 이동할 수 있을까요?

 심부름 로봇 코딩하기

01 IN 3의 값이 50보다 클 때까지 즉, 빛이 밝을 때까지 기다립니다.

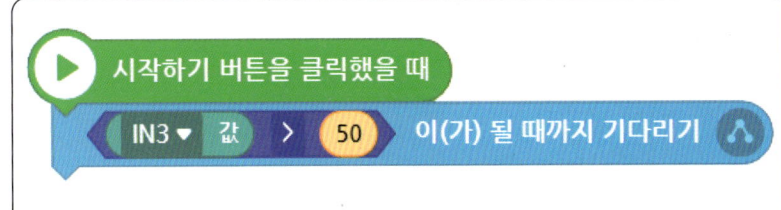

TIP 처음 프로그램을 실행할 때, 빛 센서를 손으로 가려 움직이지 않게 하다가 손을 떼면 움직이도록 합니다.

02 IN 1값을 '적외선센서값(L)'으로 정하고, IN 2값을 '적외선센서값(R)'으로 정합니다. 그리고 IN 3값을 '빛감지센서값'으로 정합니다.

03 정해진 변수들을 통해 실행화면에서 각 센서의 값을 실시간으로 확인할 수 있습니다.

네오봇

04 선을 따라 왼쪽, 오른쪽을 왔다갔다하면서 앞으로 이동하는 코드입니다. 1의 속도로 양쪽 모터를 계속 회전하면서 앞으로 이동합니다. 만일 IN 1의 센서 값이 20 이하이면 즉, 왼쪽에 선이 있으면 왼쪽 모터를 멈춥니다. 만일 IN 2의 센서 값이 20 이하이면 즉, 오른쪽에 선이 있으면 오른쪽 모터를 멈춥니다.

> 선을 따라 제대로 이동하지 못한다면 센서 값을 확인하여 수정해 봅시다.

선을 따라 로봇 움직이기

01 엔트리 작품의 플레이 버튼(▶)을 눌러 프로젝트를 실행시킵니다.

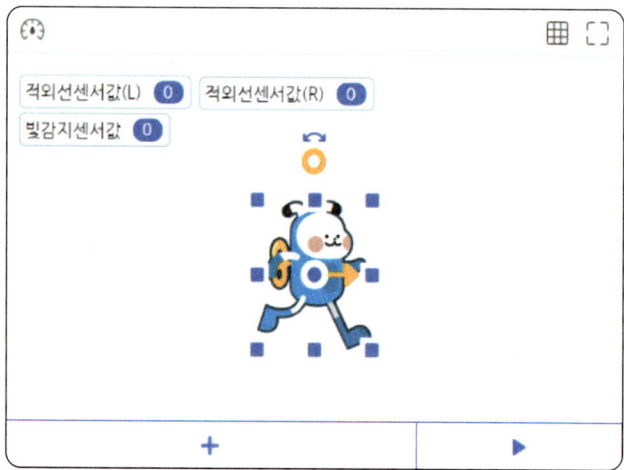

02 선 위에 심부름 로봇을 올려 움직임을 살펴봅니다.

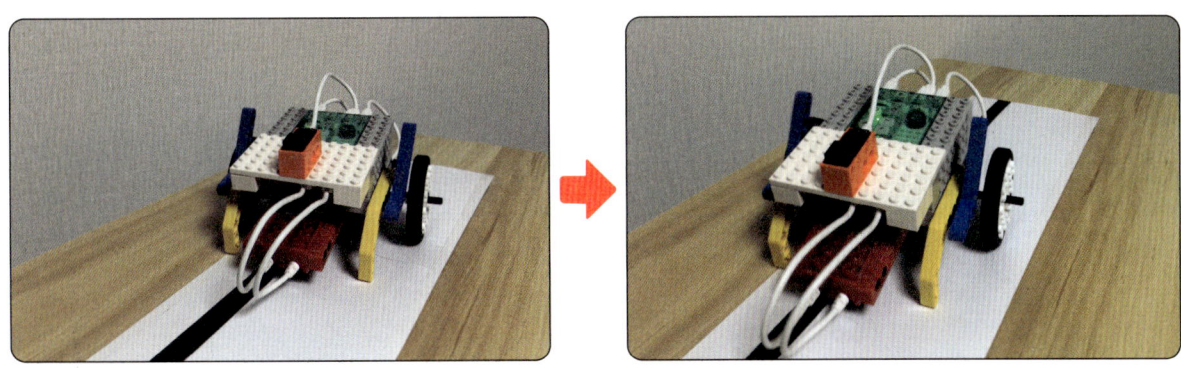

03 생각한 대로 작동하지 않는다면 엔트리 블록을 살펴보고 수정해봅시다.

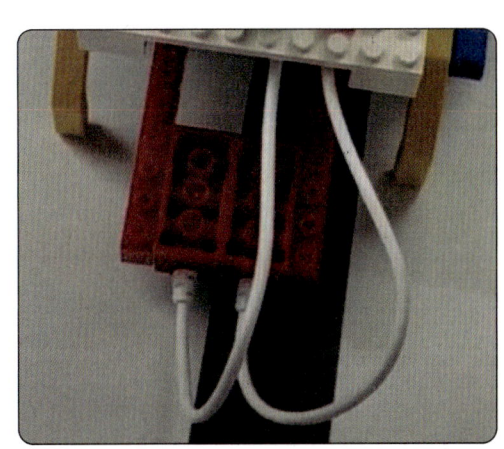

TIP 선의 굵기가 얇으면 네오봇이 제대로 움직이지 않을 수도 있습니다. 선 굵기를 3cm 정도로 그리고 작동시켜 봅시다.

생각하기

Q1 선을 잘 따라가지 않는다면 이유가 무엇일까요?

Q2 선을 잘 따라가다가 선을 이탈한다면 이유가 무엇일까요?

심부름 로봇 평가하기			
	매우 그렇다	그렇다	보통이다
심부름 로봇의 모양이 안정감있게 만들어졌나요?			
빛 센서 위에 놓은 손을 치우자 심부름 로봇이 움직이기 시작했나요?			
심부름 로봇이 선을 따라 잘 이동했나요?			

네오봇

도전하기

Mission 01 아래와 같이 라인을 따라 움직이도록 프로그램을 작성해 보세요.

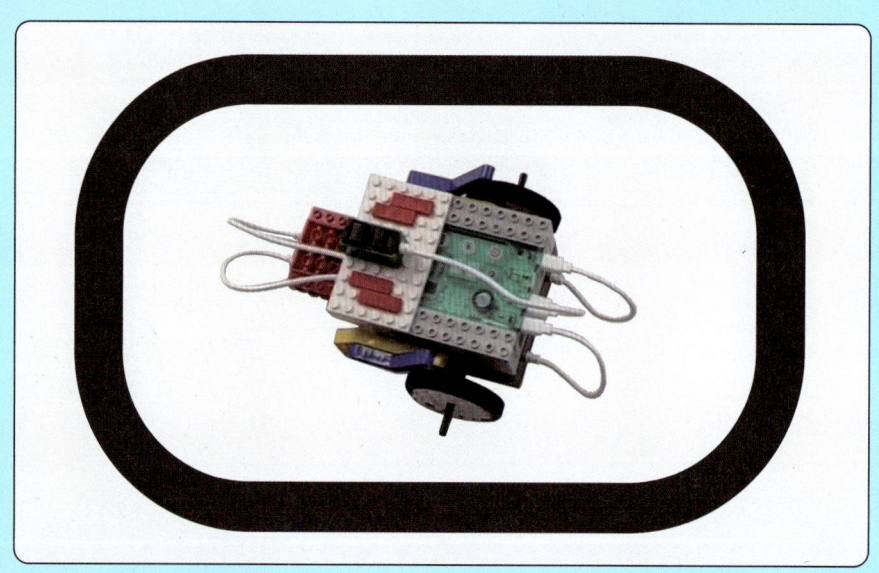

Mission 02 심부름 로봇이 라인을 따라 돌면서 음악을 재생할 수 있도록 코드를 추가해 보세요. 코드를 더 추가해도 좋습니다.

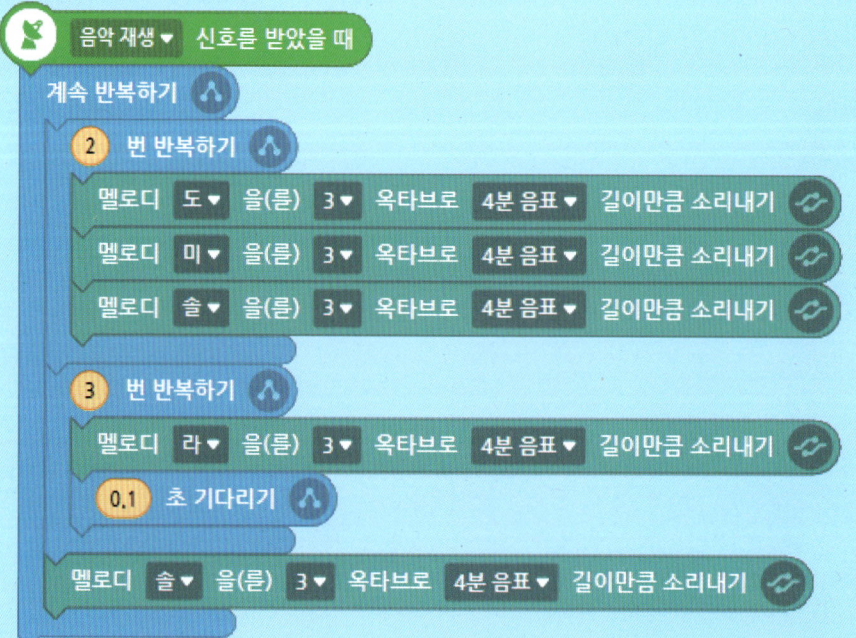

읽을거리

재미있는 '라인트레이서'의 세계

라인트레이서란 바닥에 그려진 선을 따라서 이동하는 로봇을 말합니다. 라인트레이서는 흰색 바닥에 그려진 검은 선(또는 검은 바닥에 그려진 흰 선)을 따라가므로, 산업체에서 물건을 운반하는 무인차(AGV)에 많이 응용되는 기술입니다.

라인트레이서의 기본 원리는 주어진 주행선을 센서로 감지하여 목적지까지 이동하는 것입니다. 이 로봇의 동작 순서는 다음과 같습니다.

적외선(빛) 센서로 라인 감지 → 진로를 판단 → 모터를 회전

라인트레이서는 대부분 진로를 잃어버려도 자동으로 라인을 찾을 수 있는 기능이 있으며, 직진할 때 빠른 속도로 진행할 수 있는 기능도 가지고 있습니다. 라인트레이서가 단순히 바닥에 그려진 선만 쫓아가는 로봇으로 생각될 수도 있습니다. 하지만 그 원리를 들여다보면 라인트레이서가 바닥에 있는 선을 정확히 따라가기 위해서는 '인식'이라는 개념이 필요하고, 로봇이 인식한 결과를 가지고 모터의 속도를 제어하게 됩니다.

이와 같은 라인트레이서의 동작 원리를 이해하였다면, 로봇을 제작하고 제어하는데 제일 먼저 생각하여야 할 것은 무엇일까요? 먼저 바닥에 그려진 선을 감지하기 위한 센서가 필요할 것이고, 어둡기나 밝기와 같은 명암 차로 바닥에 그려진 선을 구분하기 때문에 광센서, 즉 빛 감지 센서가 필요할 것입니다. 빛 감지 센서는 보통 빛을 쏘고, 그 빛이 반사되어 오는 양을 감지하여 라인과 바닥의 명암을 구분하게 됩니다. 또한 라인트레이서가 움직이기 위해서는 모터가 있어야 하며 방향을 전환하기 위해 2개의 DC모터가 필요합니다. 그리고 감지된 센서의 데이터를 활용하여 모터의 속도를 정하는 알고리즘이 라인트레이서의 핵심적인 동작 기술이라고 할 수 있습니다.

이런 라인트레이서의 세계를 이해하여 나만의 멋진 라인트레이서를 완성해 보면 어떨까요?

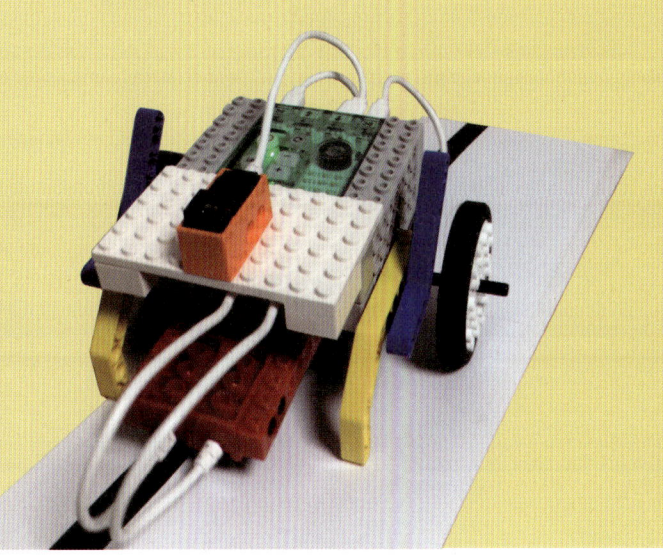

9

구조 활동을 해요!

위험에 처한 사람들을 구해주는 구조 로봇이 있다면 얼마나 좋을까요? 네오봇을 이용하여 어두운 곳에서도 사람을 구조할 수 있는 구조 로봇을 만들어 보도록 해요.

무엇을 배울까?

1. 어두운 곳에서도 불을 밝히는 구조 로봇을 조립해 봅시다.
2. 엔트리로 구조 로봇이 어두울 때 불을 켜고, 접촉 센서를 이용해 사람을 구하는 명령어를 코딩해 봅시다.
3. 구조 로봇에 명령어를 추가하여 나만의 구조 로봇을 완성해 봅시다.

	주요 부품
1	스마트 컨트롤러
2	적외선 센서
3	빛 센서
4	접촉 센서
5	LED

Coding School

접촉 센서를 통해 구조 활동을 시작할 수 있습니다.

Q1 접촉 센서 값도 다른 센서 값처럼 연속된 값을 가지나요?

그렇지 않습니다. 접촉이 되었을 때(250)와 접촉이 되지 않았을 때(0) 2개의 값만 가집니다. 센서 값 블록을 사용해 값을 쉽게 확인할 수 있습니다.

Q2 센서를 더 많이 연결할 수 있나요?

현재 네오봇 컨트롤러에는 입력 센서 3개와 출력 센서 3개를 연결할 수 있습니다. 여러 개의 컨트롤러를 결합해 센서의 수를 늘릴 수는 있으나 1개의 컨트롤러에 연결할 수 있는 센서의 수는 정해져 있습니다.

적외선 센서를 통해 구조할 사람을 찾을 수 있습니다. 빛 센서로 어두운 곳에서 LED를 켤 수 있습니다.

네오봇

구조 로봇을 조립해요

01 사진에 있는 부품을 준비합니다.

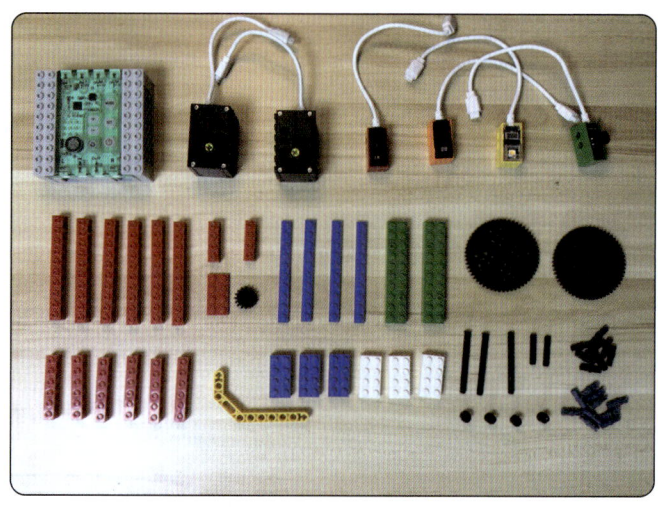

02 스마트 컨트롤러의 양옆에 고정핀을 2개씩 꽂습니다.

03 모터 블록 1개를 다음과 같이 연결합니다. 그 다음, 축 48과 기어 16을 조립하여 모터 블록에 연결합니다.

04 다음과 같이 흰색 블록 3개를 컨트롤러 아래에 연결합니다.

05 다음과 같이 파란색 블록 3개를 흰색 블록 아래에 연결합니다.

06 다음과 같이 긴 녹색 블록 2개를 연결한 뒤, 고정핀 2개를 꽂습니다.

네오봇

07 모터 블록을 1개 더 연결한 뒤, 다음과 같이 축 24를 모터 블록 양옆에 각각 꽂습니다.

08 빛 센서와 LED를 다음과 같이 조립한 뒤, 빛 센서는 IN 2에 연결하고 LED는 OUT 1에 연결합니다.

09 모터 블록에 빨간색 납작 블록을 다음과 같이 연결합니다.

10 빨간색 납작 블록에 빨간색 홀 블록을 연결한 뒤, 다음과 같이 고정핀 2개를 꽂습니다.

11 홀 블록 옆에 다음과 같이 접촉 센서를 연결합니다.

12 LED 블록 옆에 다음과 같이 홀 블록을 연결한 뒤, 고정핀 2개를 꽂습니다.

네오봇

13 12번에서 연결한 홀 블록과 노란색 굽은 블록을 연결한 뒤, 안쪽에 고정핀 2개를 다음과 같이 꽂습니다.

14 적외선 센서를 굽은 블록에 조립한 뒤, IN 1에 연결합니다.

15 접촉 센서는 IN 3에 연결하고, 모터 블록은 각각 DC L과 DC R에 연결합니다.

16 기어 56과 막힌 축 48을 다음과 같이 조립합니다. 그 다음, 축 고정핀을 사용해 고정시켜 줍니다. 똑같은 것을 1개 더 만듭니다.

17 16번에 조립한 축과 기어를 다음과 같이 모터 블록에 연결합니다.

18 홀 블록을 16번에서 조립한 축에 다음과 같이 꽂은 뒤, 고정핀으로 고정시켜 줍니다. 그 다음, 이 홀 블록 끝에도 회전핀을 꽂습니다.

네오봇

19 빨간색 홀 1*10 블록과 홀 1*6 블록을 파란색 납작 블록 2개로 연결합니다. 똑같은 것을 1개 더 만듭니다.

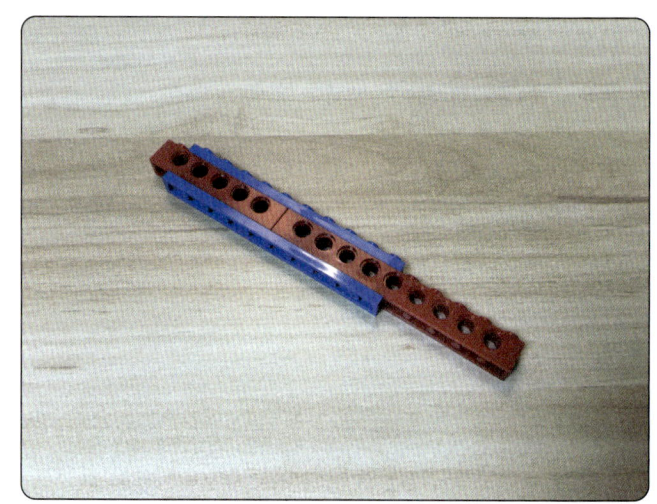

20 19번에서 조립한 블록을 다음과 같이 연결합니다. 그 다음, 빨간색 홀 1*10 블록을 컨트롤러에 꽂혀있는 회전핀과 연결합니다.

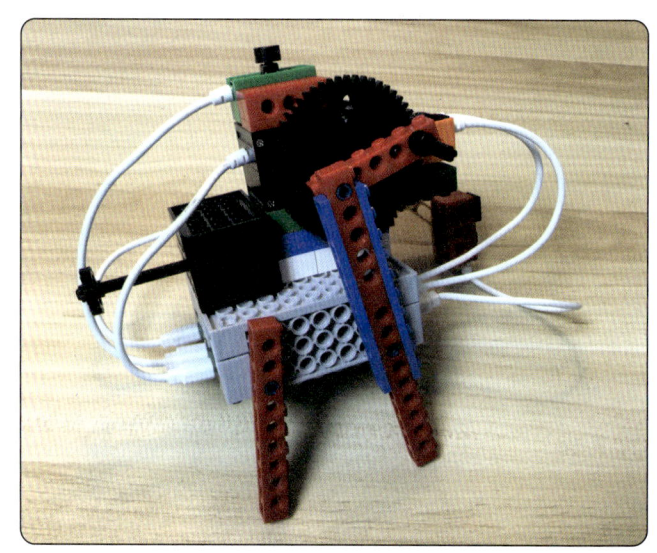

21 또 다른 홀 1*10 블록을 회전핀 2개를 사용하여 다음과 같이 연결합니다.

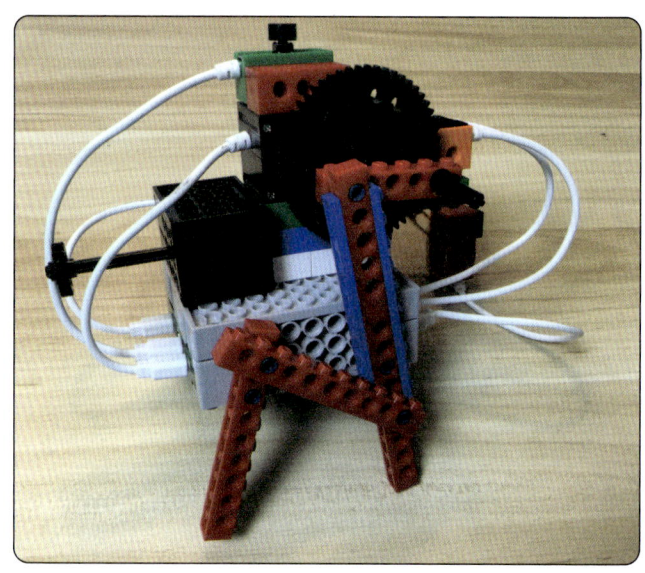

22 반대편도 마찬가지로 블록들을 연결하여 구조 로봇을 완성합니다.

TIP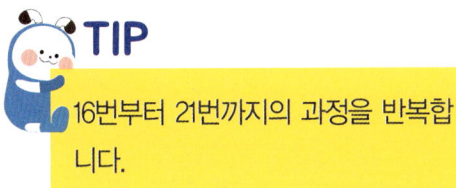
16번부터 21번까지의 과정을 반복합니다.

23 정면에서 바라보았을 때 완성된 구조 로봇의 모습입니다.

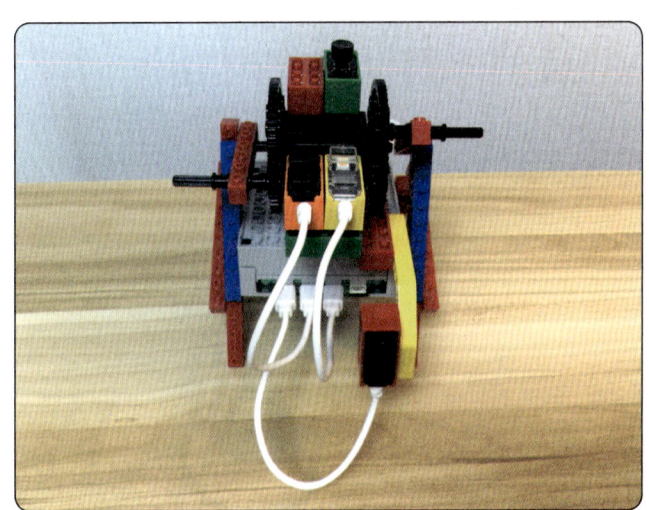

네오봇

구조 로봇을 코딩해요

구조 로봇 코딩 준비하기

01 센서 값을 계속 확인하기 위해 변수를 만듭니다. 센서가 3개이므로 각각의 값을 저장할 수 있는 변수도 3개 만듭니다.

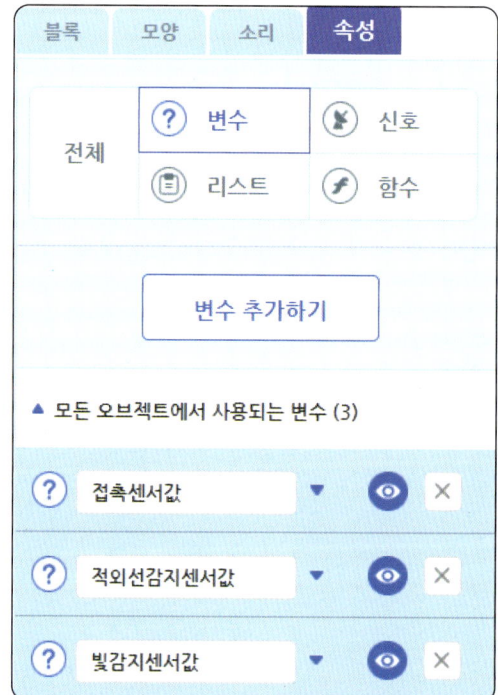

02 변수 이름을 각각 '접촉센서값', '적외선감지센서값', '빛감지센서값'으로 정합니다.

03 구조할 때 소리를 내도록 신호를 보내기 위해 신호를 만듭니다.

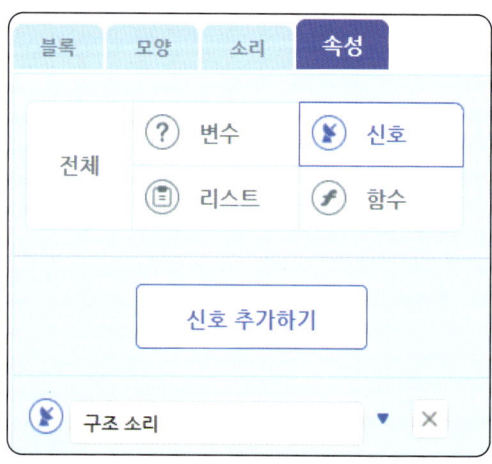

04 신호 이름을 '구조 소리'로 정합니다.

생각하기

Q1 접촉 센서의 경우 접촉했을 때 센서 값이 어떻게 나타나나요?

Q2 신호를 만들어 코드를 작성하는 이유는 무엇일까요?

 구조 로봇 코딩하기

01 IN 1값을 '적외선감지센서값'으로 정하고, IN 2값을 '빛감지센서값'으로 정합니다. 그리고 IN 3값을 '접촉센서값'으로 정합니다.

02 정해진 변수들을 통해 실행화면에서 각 센서의 값을 실시간으로 확인할 수 있습니다.

접촉 센서 값이 0으로, 접촉 없음

빛감지 센서 값이 171로, 밝음

적외선 센서 값이 2로, 감지되는 물체 없음

03 왼쪽 모터 블록에 연결된 기어를 움직여 두 다리를 계속 움직이는 코드입니다. 만일 IN 1의 센서 값이 10 이상이라면 즉, 가까이에 구조할 사람을 발견하였다면 구조를 시작해야 함을 온몸으로 알립니다.

네오봇

04 LED를 켜기 위한 코드입니다. 만일 IN 2의 센서 값이 50 이하라면 즉, 어둠을 감지하였다면 LED가 켜집니다.

```
시작하기 버튼을 클릭했을 때
계속 반복하기
    적외선감지센서값 ▼ 를 IN1 ▼ 값 (으)로 정하기
    빛감지센서값 ▼ 를 IN2 ▼ 값 (으)로 정하기
    접촉센서값 ▼ 를 IN3 ▼ 값 (으)로 정하기
    만일 < IN1 ▼ 의 센서값이 ≥ ▼ 10 > (이)라면
        왼쪽 모터를 앞으로 ▼ 5 ▼ 의 속도로 회전
    만일 < IN2 ▼ 의 센서값이 ≤ ▼ 50 > (이)라면
        OUT1 ▼ 에 연결한 LED 켜기
```

05 오른쪽 모터 블록에 연결된 기어를 움직여 구조 활동을 시작하고, 구조 신호를 보내는 코드입니다. 만일 IN 3의 센서 값이 250이라면 즉, 구조할 사람과 접촉되었다면 구조 활동을 시작합니다. 그리고 '구조 소리 신호'를 보냅니다.

```
시작하기 버튼을 클릭했을 때
계속 반복하기
    적외선감지센서값 ▼ 를 IN1 ▼ 값 (으)로 정하기
    빛감지센서값 ▼ 를 IN2 ▼ 값 (으)로 정하기
    접촉센서값 ▼ 를 IN3 ▼ 값 (으)로 정하기
    만일 < IN1 ▼ 의 센서값이 ≥ ▼ 10 > (이)라면
        왼쪽 모터를 앞으로 ▼ 5 ▼ 의 속도로 회전
    만일 < IN2 ▼ 의 센서값이 ≤ ▼ 50 > (이)라면
        OUT1 ▼ 에 연결한 LED 켜기
    만일 < IN3 ▼ 의 센서값이 = ▼ 250 > (이)라면
        오른쪽 모터를 앞으로 ▼ 5 ▼ 의 속도로 회전
        구조 소리 ▼ 신호 보내기
```

06 '구조 소리' 신호를 받았을 때, 일정한 소리를 반복해서 냅니다.

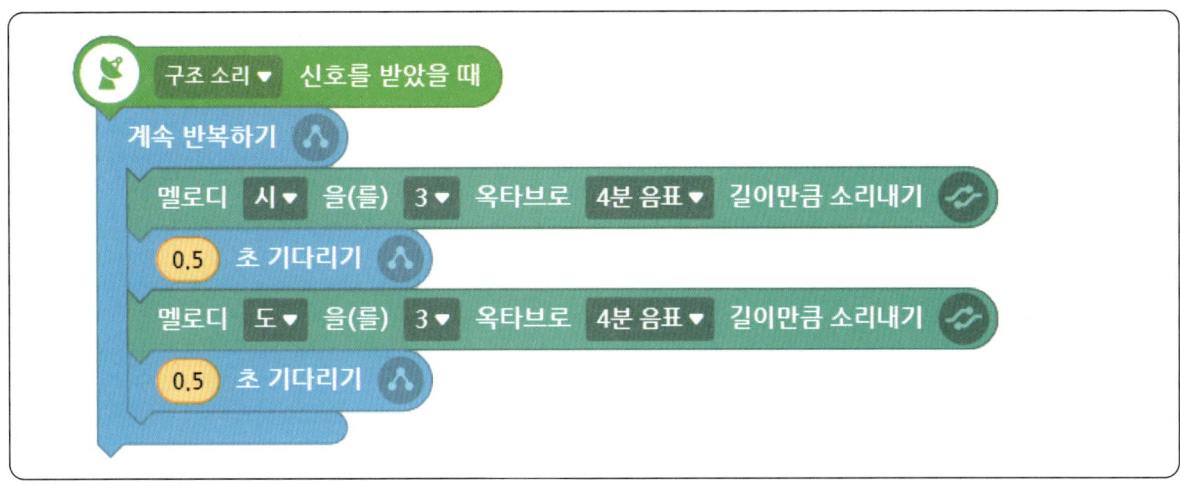

🤖 구조 로봇 움직이기

01 엔트리 작품의 플레이 버튼(▶)을 눌러 프로젝트를 실행시킵니다.

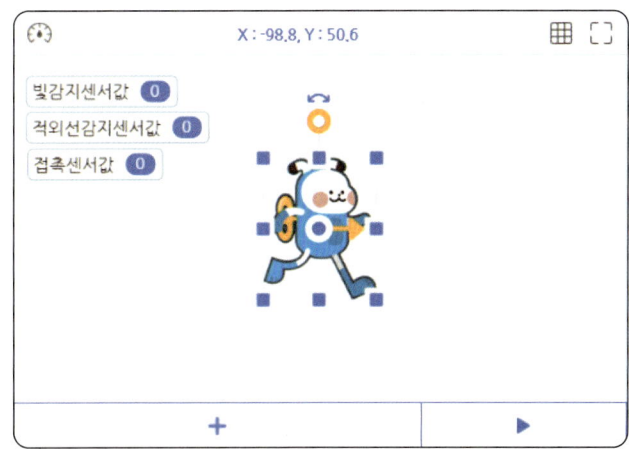

02 구조 로봇이 어두운 곳에서 LED를 켭니다.

네오봇

03 두 다리를 움직이며 구조가 시작됨을 알리고 뒤쪽 기어를 돌려 구조 활동을 펼칩니다.

04 생각한 대로 작동하지 않는다면 엔트리 블록을 살펴보고 수정해 봅시다.

생각하기

Q1 LED가 켜지지 않는다면 이유가 무엇일까요?

Q2 다리의 움직임이 매끄럽지 않다면 그 이유는 무엇일까요?

구조 로봇 평가하기

	매우 그렇다	그렇다	보통이다
구조 로봇의 모양이 안정감있게 만들어졌나요?			
주변이 어두울 때 LED가 켜졌나요?			
적외선 센서 앞에 물체나 사람이 있을 때 로봇이 움직였나요?			
접촉 센서에 접촉이 생겼을 때 모터가 움직였나요?			

도전하기

Mission 01 아래 블록을 활용해 적외선 감지 센서가 구조해야 할 물체나 사람을 감지했을 때 무작위 수의 속도로 왼쪽 모터를 회전하도록 바꿔 보세요.

왼쪽 모터를 앞으로▼ 2 부터 10 사이의 무작위 수 의 속도로 회전

Mission 02 아래 블록을 활용해 밝기 센서 값으로 무작위 음악이 재생되도록 코드를 바꿔 보세요(단, 기존의 코드에서는 접촉 센서 값이 250이 되었을 때 구조 소리 신호를 보냈다면, 이번에는 밝기 센서 코드에서 구조 소리 신호가 보내지도록 바꾸어야 합니다.).

컨트롤러에서 IN2▼ 센서의 0 ~ 255 값으로 멜로디 연주하기

10 신나는 로봇 프로젝트

그동안 배운 여러 가지 센서를 활용한 로봇을 떠올려 나만의 로봇을 만들고 필요한 코드를 작성해 움직여 봅시다. 제시된 문제를 하나씩 해결해 가면서 나만의 프로젝트를 완성하세요.

무엇을 배울까?

1. 어떤 로봇을 만들지 구상하고, 나만의 로봇을 만들어 봅시다. 뒤에 나올 예시 로봇을 참고해도 좋습니다.
2. 완성한 로봇에 코드를 작성해 봅시다. 예시 로봇의 코드를 참고해도 좋습니다.
3. 로봇을 만들고, 코드를 직접 작성해 나만의 로봇 프로젝트를 완성합니다.

	주요 로봇
1	구조 로봇
2	선 따라 움직이는 로봇
3	소리에 반응하는 로봇
4	운전 로봇
5	반려 로봇
6	나만의 로봇

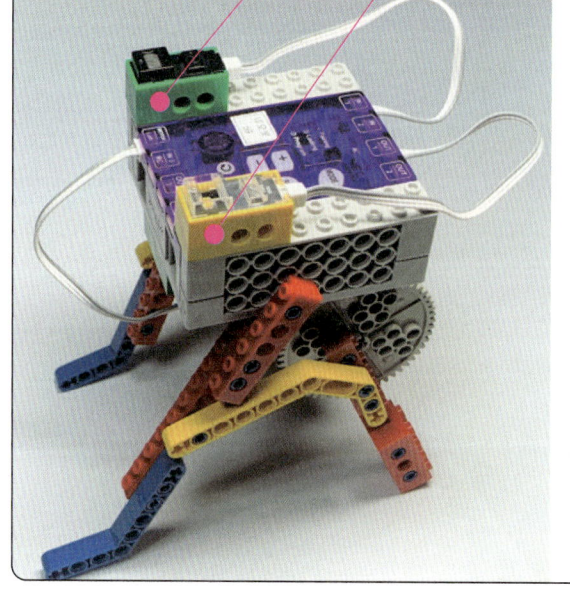

Coding School

접촉 센서를 이용해 접촉 여부에 따라 움직임을 다르게 하거나 소리 센서를 이용해 소리에 반응하는 로봇을 만들 수 있습니다. LED 블록을 연결하면 조건에 따라 LED를 켜거나 끌 수 있습니다.

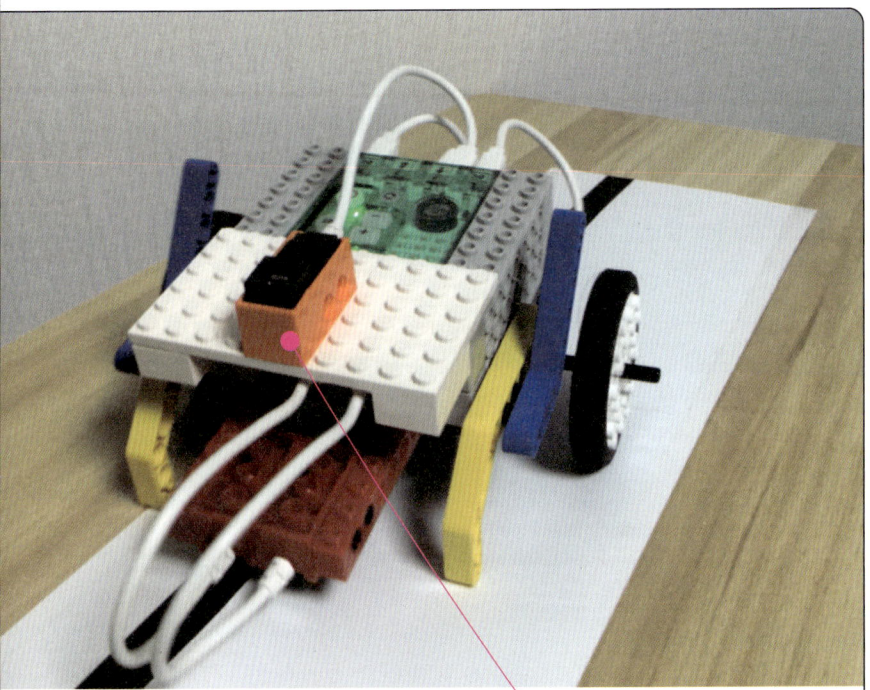

Q1 로봇 프로젝트는 예시와 상관없이 내가 만들고 싶은 로봇을 만들어도 되나요?

네, 됩니다. 이 로봇 프로젝트에서는 그동안 배웠던 내용을 되돌아보면서 나만의 로봇을 조립하고 코드도 직접 작성하여 봅시다.

Q2 교재에 있는 로봇 블록의 색깔이 다릅니다. 다른 로봇인가요?

아닙니다. 같은 네오봇입니다. 다만, 키트에 따라 블록의 색깔이나 구성에 차이가 있을 수 있습니다. 색깔은 문제가 되지 않고, 블록 구성이 다른 경우라도 기능상 구현이 불가한 것이 아니라 모양만 달라지므로 크게 상관없습니다.

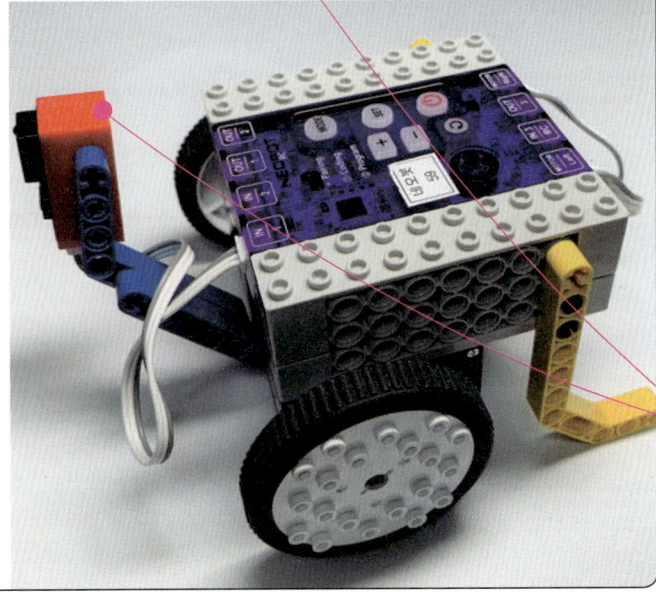

빛 센서를 통해 밝기에 따라 로봇의 움직임을 다르게 할 수 있습니다. 적외선 센서를 통해 로봇이 사물을 감지하거나 선을 따라 움직일 수도 있습니다.

네오봇

나만의 로봇을 만들어요

01 어떤 로봇을 만들고 싶은지 구상해 봅시다. 어떤 일을 하고 어떤 센서를 활용하는 로봇인지 구체적으로 생각하여 적어 봅시다.

----

02 본격적으로 '나만의 로봇'을 만들어 봅시다. 반드시 다음 그림과 똑같이 만들 필요는 없습니다. 1번에서 계획한 것을 바탕으로 여러분만의 로봇을 만들어 봅시다.

03 다음과 같이 모터 블록 2개를 놓고 바깥쪽에 축 48을 각각 꽂습니다. 안쪽에는 고정핀을 2개씩 꽂습니다.

04 각 모터 블록에 연결된 고정핀에 다음과 같이 굽은 블록을 꽂습니다.

05 왼쪽 모터 블록에 고정핀을 다음과 같이 4개를 꽂습니다. 오른쪽 모터 블록에도 고정핀을 2개 꽂습니다.

네오봇

06 파란색 굽은 블록을 각각 노란색 굽은 블록의 고정핀에 연결하고 왼쪽 파란색 굽은 블록에 다음과 같이 고정핀을 2개를 꽂습니다.

07 적외선 센서를 왼쪽 파란색 굽은 블록의 고정핀에 연결한 뒤 적외선 센서에도 다음과 같이 고정핀 2개를 꽂습니다.

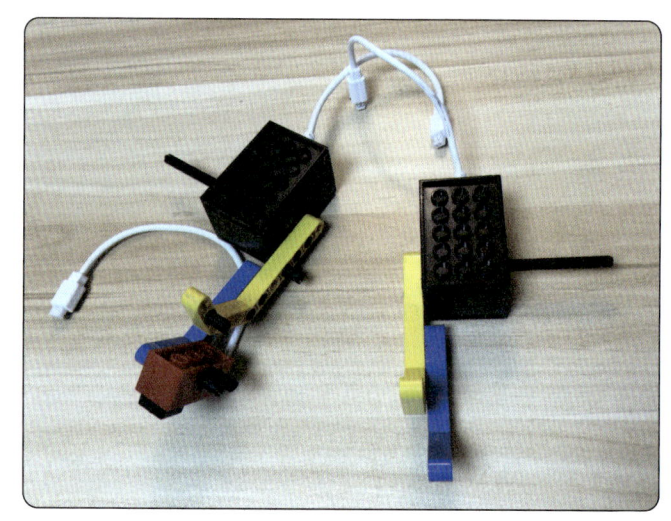

08 7번 과정까지 완성된 2개의 모터 블록을 다음과 같이 결합합니다.

09 8번에서 조립한 모터 블록을 스마트 컨트롤러에 다음과 같이 연결합니다.

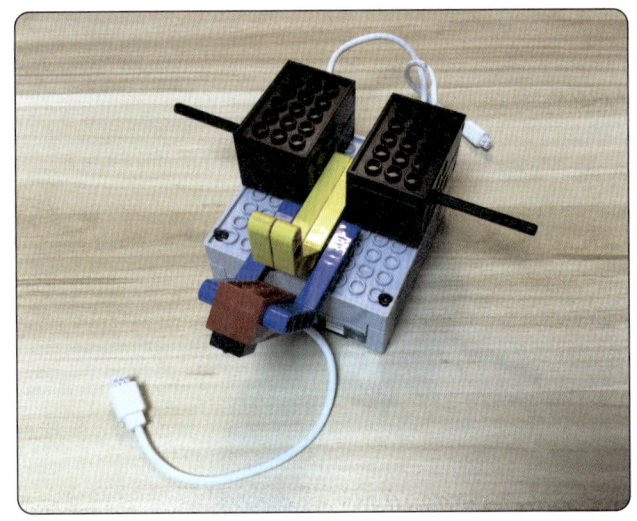

10 2*6 블록(녹색) 2개와 2*8 블록(파란색) 2개를 다음과 같이 조립하여 연결합니다.

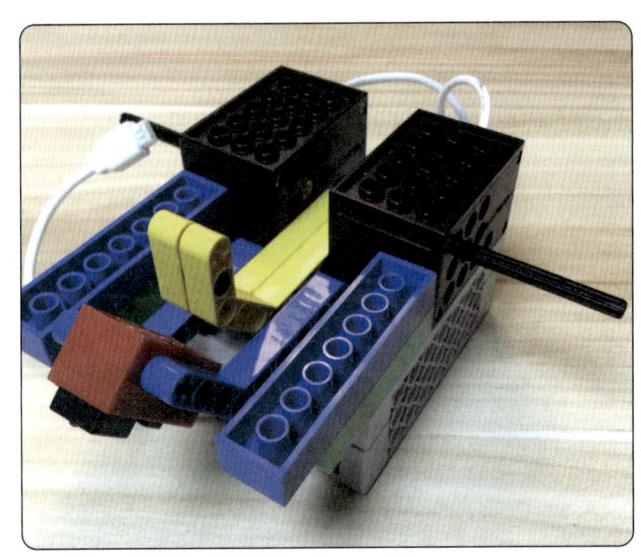

11 2*6 블록(녹색), 1*4 홀 블록(빨간색), 2*4 납작 블록(파란색)을 조립한 뒤, 10번에서 조립한 블록 위에 다음과 같이 연결합니다. 그 다음, 홀 블록에 각각 회전핀을 1개씩 꽂습니다.

네오봇

⑫ 큰 바퀴 2개는 각 모터 블록의 축에 연결하고, 작은 바퀴 2개는 마지막으로 꽂은 회전핀에 연결합니다.

⑬ 12번 과정까지 완성한 로봇을 바로 세운 뒤, 소리 센서를 컨트롤러 위에 붙이고, IN 2에 연결합니다. 적외선 센서는 IN 1에 연결합니다. 두 모터 블록의 선은 각각 DC R과 DC L에 연결합니다.

⑭ 2*6 납작 블록(녹색)을 로봇의 오른쪽 앞에 연결한 뒤, 그 위에 LED 블록을 연결합니다. 그리고 LED 블록의 선을 OUT 1에 연결합니다. 로봇의 왼쪽 앞에는 2*2 블록(파란색)과 2*2 삼각 블록(파란색)을 이용해 로봇을 장식합니다.

15) 빛 센서를 다음과 같이 컨트롤러에 연결한 뒤, 선을 IN 3에 연결합니다.

16) 남은 블록을 이용해 로봇을 더 장식해도 좋습니다. 드디어 나만의 로봇이 완성되었습니다.

네오봇

나만의 로봇을 코딩해요

 적외선 센서와 LED를 활용한 코딩하기

01 로봇이 모터를 사용해 앞으로 이동하다가 장애물을 적외선 센서로 감지하면 이동을 멈추도록 코드를 작성합니다.

```
시작하기 버튼을 클릭했을 때
계속 반복하기
    IN1▼ 값 을(를) 말하기▼
    왼쪽 모터를 앞으로▼ 5▼ & 오른쪽 모터를 앞으로▼ 5▼ 의 속도로 회전
    만일 IN1▼ 의 센서값이 >▼ 5 (이)라면
        양쪽 모터를 정지
```

02 로봇이 모터를 사용해 앞으로 이동하다가 적외선 센서로 손이 감지되면 LED를 켜고, 적외선 센서에 감지된 값(0~100)에 따라 멜로디를 연주하는 코드를 작성합니다.

```
시작하기 버튼을 클릭했을 때
계속 반복하기
    적외선센서값▼ 를 IN1▼ 값 (으)로 정하기
    왼쪽 모터를 앞으로▼ 5▼ & 오른쪽 모터를 앞으로▼ 5▼ 의 속도로 회전
    만일 IN1▼ 의 센서값이 >▼ 5 (이)라면
        OUT1▼ 에 연결한 LED 켜기
        컨트롤러에서 IN1▼ 센서의 0 ~ 100 값으로 멜로디 연주하기
```

생각하기

Q1 적외선 센서를 활용해 어떤 동작을 하면 좋을까요? 여러분만의 아이디어로 코드를 완성해 보세요.

소리감지 센서를 활용한 코딩하기

01 로봇이 모터를 사용해 앞으로 이동하다가 소리 센서를 통해 박수 소리를 감지하면 이동을 멈추도록 코드를 작성합니다.

```
시작하기 버튼을 클릭했을 때
계속 반복하기
    소리감지센서▼ 를 IN2▼ 값 (으)로 정하기
    왼쪽 모터를 앞으로▼ 5▼ & 오른쪽 모터를 앞으로▼ 5▼ 의 속도로 회전
    만일 IN2▼ 의 센서값이 >▼ 30 (이)라면
        양쪽 모터를 정지
```

02 로봇이 모터를 사용해 앞으로 이동하다가 소리 센서로 감지한 값이 20보다 크면 LED를 켜고, 소리 센서로 감지한 값이 40보다 크면 이동도 멈추고 반복도 중단하도록 코드를 작성합니다.

```
시작하기 버튼을 클릭했을 때
계속 반복하기
    소리감지센서▼ 를 IN2▼ 값 (으)로 정하기
    왼쪽 모터를 앞으로▼ 5▼ & 오른쪽 모터를 앞으로▼ 5▼ 의 속도로 회전
    만일 IN2▼ 의 센서값이 >▼ 20 (이)라면
        OUT1▼ 에 연결한 LED 켜기
    만일 IN2▼ 의 센서값이 >▼ 40 (이)라면
        양쪽 모터를 정지
        반복 중단하기
```

생각하기

Q1 소리감지 센서를 활용해 어떤 동작을 하면 좋을까요? 여러분만의 아이디어로 코드를 완성해 보세요.

네오봇

밝기감지 센서를 활용한 코딩하기

01 빛 센서로 감지된 값이 50보다 크면 모터를 사용해 로봇이 앞으로 이동하는 코드를 작성합니다.

```
시작하기 버튼을 클릭했을 때
  IN3의 센서값이 > 50 이(가) 될 때까지 기다리기
  계속 반복하기
    밝기감지센서를 IN3값 (으)로 정하기
    왼쪽 모터를 앞으로 2 & 오른쪽 모터를 앞으로 2 의 속도로 회전
```

02 빛 센서로 감지된 값이 50 이하면 LED가 켜지고 로봇이 앞으로 이동하면서 빛 센서로 감지된 값(0~255)에 따라 멜로디를 연주하는 코드를 작성합니다.

```
시작하기 버튼을 클릭했을 때
  계속 반복하기
    밝기감지센서를 IN3값 (으)로 정하기
    만일 IN3의 센서값이 ≤ 50 (이)라면
      OUT1에 연결한 LED 켜기
      왼쪽 모터를 앞으로 2 & 오른쪽 모터를 앞으로 2 의 속도로 회전
      컨트롤러에서 IN3 센서의 0 ~ 255 값으로 멜로디 연주하기
```

생각하기

Q1 밝기감지 센서를 활용해 어떤 동작을 하면 좋을까요? 여러분만의 아이디어로 코드를 완성해 보세요.

나만의 로봇 움직이기

01 '나만의 로봇' 코드를 작성하였다면 엔트리 작품의 플레이 버튼(▶)을 눌러 프로젝트를 실행시킵니다.

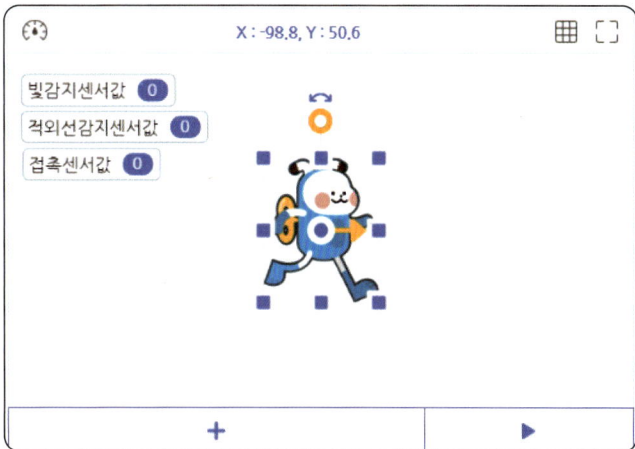

02 '나만의 로봇' 코드를 실행시켰을 때, '나만의 로봇'이 어떻게 움직이는지 간단하게 그림으로 표현하거나 글로 작성해 봅시다.

나만의 로봇 평가하기

	매우 그렇다	그렇다	보통이다
나만의 로봇의 모양이 안정감있게 만들어졌나요?			
여러 가지 센서를 활용해 로봇이 작동하도록 코드를 작성했나요?			
프로그램을 실행했을 때 로봇이 계획한대로 움직였나요?			
계획한 대로 실행이 되지 않았을 때 원인을 찾아 수정했나요?			
프로젝트 활동에 적극적인 태도로 참여했나요?			

네오봇

읽을거리

미래에는 어떤 로봇이 등장할까?

네오봇을 통해 로봇과 친해졌다면 앞으로 여러분이 살아갈 미래사회에서 로봇은 어떤 모습일지 상상해 봅시다.

의료 및 복지 분야를 먼저 생각해 봅시다. 노약자나 장애인을 돕는 로봇은 앞으로 다가올 고령화 사회에 대응하고 맞춤형 복지를 제공할 수 있는 주요한 기술로 평가받고 있습니다. 최근 몇몇 종합병원에서 의료용 로봇의 실용화가 이루어지고 있습니다. 특히 수술용 로봇의 활약이 두드러지고 있는데, 가장 유명한 수술용 로봇인 '다빈치 로봇'은 환자의 몸속에 넣은 카메라를 통해 전송된 영상을 확인하여 수술 시야를 확보해 줍니다. 수술 시야를 확보하기 위해 무던한 노력을 하던 기존 수술 방식을 다빈치 로봇이 뿌리째 바꿔놓은 셈입니다.

이와 더불어 이 로봇은 의사의 손 떨림을 막아주는 기능도 제공합니다. 덕분에 의사는 생생한 입체영상으로 구현된 환부를 보면서 손 떨림 없이 수술할 수 있게 되어 의료 사고가 발생할 가능성이 크게 줄어들게 되었습니다. 이러한 수술용 로봇은 사람의 생명을 구하고, 더 쾌적하고 안전한 의료 환경을 만들고 있으며, 앞으로도 더 많은 혁신과 개발이 예상됩니다.

〈아이언맨〉이라는 영화에서 주인공은 '입는 로봇'을 연구하고 개발하며, 본인이 직접 착용하여 세상을 구하는 영웅이 됩니다. 주인공은 이 '입는 로봇'을 착용하면 가진 힘을 배가시키기도 하고 하늘을 날아다니기도 합니다. 말하자면 '로봇 옷'을 입음으로써 새로운 능력을 가지게 됩니다. 현실에서도 이와 같은 '입는 로봇'이 적용될 수 있습니다. 불의의 사고로 팔이나 다리를 잃은 사람들을 위한 로봇 팔이나 로봇 다리 등이 바로 '입는 로봇'이라 할 수 있습니다. 로봇 팔이나 로봇 다리는 뇌파 신호를 받아 사용자가 마치 자신의 팔다리처럼 자연스럽게 움직일 수 있습니다. 로봇 팔이나 다

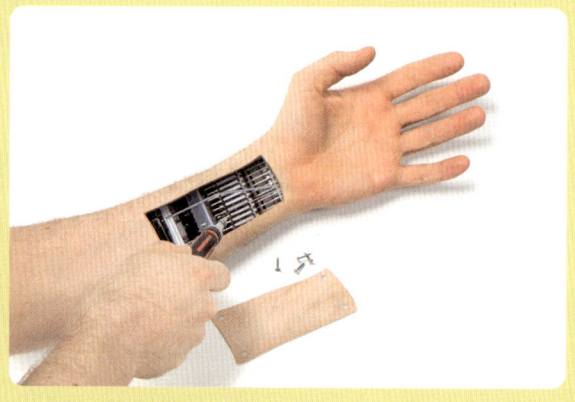

리뿐만 아니라 근육마비증을 앓고 있는 스티븐 호킹 박사의 경우처럼 얼굴 근육의 미세한 신호를 이용해 말도 할 수 있고(물론 음성합성장치를 쓰고 있지만), 프레젠테이션 강의도 할 수 있었습니다. 이러한 생체 기술 분야의 역

시 미래사회에 로봇이 크게 활약할 분야 중 하나입니다.

　이와 같이 다양한 분야에서 로봇이 활용된다면 미래의 직업 세계는 어떻게 변하게 될까요? 아마 로봇 공학자가 미래의 유망 직업으로 각광 받을 것입니다. 로봇 공학자는 로봇의 각종 부품과 장치들을 연구 개발하거나 분야별 맞춤 로봇을 제작할 것입니다. 미래에는 로봇 공학자들 덕분에 공장에서 사용하는 산업용 로봇, 수술용 로봇, 배달용 로봇 등 전문 서비스 로봇뿐만 아니라 가사 도우미, 운전 등 개인 서비스를 제공하는 로봇도 등장할 것입니다. 여러분도 로봇 공학자가 될 수 있습니다. 로봇 공학자를 꿈꾼다면 우리는 무엇을 해야 할까요? 로봇의 활용 범위가 굉장히 넓으므로 다양한 학문의 지식을 배울 필요가 있습니다. 특히 이공계열 학과의 다양한 학문을 배우고, 기계공학이나 전자공학 및 제어 계측 등의 세부적인 학문을 전공하는 것이 좋습니다. 이런 전공 공부를 바탕으로 미래에 여러분은 로봇을 직접 개발할 수도 있고 자동차, 가전제품, 반도체 회사 등에서 기존 제품에 로봇을 활용하거나 로봇을 사용하여 각종 제품을 생산할 수도 있습니다. 또는 산업용 로봇의 관리 책임자나 군용 로봇 연구원이 될 수도 있습니다.

　이미 우리 생활 속 다양한 장소에서 로봇이 활용되고 있습니다. 식당에서는 로봇이 음식을 가져다주기도 하고, 카페에서는 로봇이 직접 커피를 만들어주기도 합니다. 앞으로는 사람처럼 생각하고 행동하는 지능형 로봇으로 발전하여 의료, 교육, 교통, 안전, 문화생활 등 보다 더 우리와 밀접한 분야에서도 로봇의 활약은 두드러질 것으로 기대됩니다. 어쩌면 전문가가 아니라 하더라도 미래사회의 구성원으로 살아가기 위해 로봇과 함께 살아가는 방법에 대해 미리 알아두어야 할 것입니다.

꿈을 현실로 만드는 네오봇 프로그래밍

2021년 7월 20일 초판 1쇄 인쇄
2021년 7월 30일 초판 1쇄 발행

펴낸곳 | (주)교학사
펴낸이 | 양진오
지은이 | 홍지연, 안상민, 성아람
감　수 | 정인기
주　소 | 서울특별시 금천구 가산디지털1로 42 (공장)
　　　　서울특별시 마포구 마포대로14길 4 (사무소)
전　화 | 02-707-5310
팩　스 | 02-707-5359
등　록 | 1962년 6월 26일 제 18-7호
블로그 | https://blog.naver.com/itkyohak
S N S | https://www.facebook.com/itkyohak
　　　　https://www.instagram.com/itkyohak

Copyright©2021 By 교학사 All rights reserved.
이 책을 무단복사, 복제, 전재하는 것은 저작권법에 저촉됩니다.

· 물류 및 영업본부 ·
전　화 | 02-707-5147
팩　스 | 02-839-2728

기획 · 진행 | 전재화, 신지윤, 안유경 / **북디자인** | 전재화, 안유경 / **표지디자인** | 전재화
테크니컬 교정 | 신지윤, 전재화 / **편집** | 전재화, 신지윤, 안유경